CALLWEY

St. Petersburg, Russland
Tallinn, Estland
Odessa, Ukraine
Jalta, Russland
Alanya, Türkei
Athen, Griechenland
Naher Osten
Asien
Wladiwostok, Russland
Okinawa, Japan
Hongkong
Kaohsiung, Taiwan
Pazifik
Yangon, Myanmar
Ho-Chi-Minh-Stadt, Vietnam
Trivandrum, Indien
Phuket, Thailand
Puerto Princesa, Philippinen
Langkawi, Malaysia
Hambantota, Sri Lanka
Malediven Hulhumalé
Singapur
Banda Besar, Indonesien
Südostasien
Port Moresby, Papua Neuguinea
Cairns
Australien
Sydney

STEPHAN REBELEIN

Verrückt nach Meer

# AUF KREUZFAHRT

## DIE BESTEN REZEPTE

REZEPTE VON FRIEDRICH PICHLER

REZEPTFOTOGRAFIE VON
JOERG LEHMANN

CALLWEY

# Inhalt

# Vorwort

Die ARD-Doku-Serie »Verrückt nach Meer« hat sich seit ihrem Stapellauf im Jahr 2010 mit inzwischen weit über 300 Folgen zu einem echten TV-Dauerbrenner entwickelt. Täglich verfolgen am Nachmittag durchschnittlich mehr als 1 Million Zuschauer die Doku-Serie im Ersten; hinzu kommen Zehntausende, die sich von »Verrückt nach Meer« in der Mediathek zu einer kurzweiligen Kreuzfahrt entführen lassen. Nicht umsonst wurde die Produktion 2018 zu einem der zehn erfolgreichsten Doku-Formate in der ARD prämiert!

Verantwortlich für diesen schönen Erfolg sind neben exotischen Destinationen und kulturellen Sehenswürdigkeiten vor allem die Bestatzungsmitglieder der beiden Schiffe »Grand Lady« und »Weiße Lady«, auf denen »Verrückt nach Meer« produziert wird. Der exklusive Schlüsselblick auf das Leben und Arbeiten der Crew lässt die Zuschauer hautnah an ihrem Alltag teilhaben und verleiht der Serie eine ungewöhnliche Authentizität.

Egal ob Kapitän oder Reiseleiter, ob Schreiner, Proviantmeister oder Hotel-Praktikant, »Verrückt nach Meer« begleitet die Seemänner und -frauen dabei auch regelmäßig bei kulinarischen Ausflügen an Land. Einige von ihnen fahren seit Jahrzehnten zur See und haben in dieser Zeit, verteilt auf der ganzen Welt, ihre persönlichen Lieblingslokale und -bars gefunden, die sie bei jedem Besuch mit Vorfreude ansteuern. Andere stillen lieber ihren Appetit auf ihnen noch fremde Speisen, was nicht immer von geschmacklichem Erfolg gekrönt ist. Besonders neugierig sind die jeweiligen Küchen-Chefs an Bord! Kaum ein Hafen, in dem sie nicht jede freie Minute nutzen und landestypisches Essen probieren oder sich auf den örtlichen Märkten von den dort heimischen Produkten für ihre Menüs inspirieren lassen. Oder gleich in großen Mengen einkaufen, damit sie ihre Passagiere mit exotischen Mahlzeiten an Bord verwöhnen können.

Dieser Leidenschaft für fremde Küchen aus der Sicht von Crew-Mitgliedern und Schiffsköchen widmet sich dieses Kochbuch. Es erzählt originelle, besondere und teilweise lustige Ess- und Trinkgeschichten aus mehr als 50 Ländern. Diese werden jeweils mit einem Rezept von Küchen-Chef Fritz Pichler begleitet. Der Österreicher ist selbst seit Jahrzehnten ein Weitgereister auf den sieben Weltmeeren und weiß wie kein Zweiter, seine ungestillte Lust auf fremde Kochtöpfe in schmackhafte Menüs für die Passagiere zu übersetzen.

Die größte Herausforderung beim Arbeiten für dieses Buch war für Fritz Pichler die für ihn gewohnten Mengenangaben für seine Essen an Bord von circa tausend auf vier zu reduzieren. Weshalb er natürlich jedes einzelne Rezept bei sich zu Hause noch einmal nachgekocht, probiert und verfeinert hat. Damit auch Sie jetzt mit diesem Kochbuch die Gelegenheit bekommen, sich einmal rund um die Welt »Verrückt nach Meer« schmecken zu lassen.

Ahoi & guten Appetit
wünscht Ihnen Ihr »Verrückt nach Meer«-Team

Europa
Akureyri
Namsos
St. Petersburg
Insel Pensar
Tallinn
Kopenhagen
Klaipeda
Scilly-Inseln
Odessa
Venedig
Neapel
Jalta
Alanya
Marsaxlokk
Athen

# Kjötsúpa

*Isländischer Lammeintopf mit Bier*

**FÜR 4 PERSONEN**
1 kg Lammschulter, geputzt
200 g Bauchspeck, geräuchert
4 EL Rapsöl
2 Zwiebeln, gewürfelt
2 Knoblauchzehen, fein gehackt
2 l Gemüsebrühe
3 EL Meersalz
20 schwarze Pfefferkörner
5 Lorbeerblätter
10 Wacholderbeeren
150 g Sellerieknolle
150 g Kartoffeln
150 g Karotten
150 g Weißkohlblätter
125 ml Altbier
Salz
weißer Pfeffer
4 EL Skyr, isländischer Joghurt
4 EL grob gehackte Petersilie
1 Roggenbrot

1 Die Lammschulter in ca. 2 cm große Stücke und den Bauchspeck in ca. 0,5 cm kleine Würfel schneiden. Rapsöl in einem Topf erhitzen und das Lammfleisch, Speck, Zwiebeln und Knoblauch darin scharf anrösten. Die Gemüsebrühe dazugeben, einmal aufkochen und den dabei entstehenden Schaum abschöpfen.

2 Meersalz, Pfefferkörner, Lorbeerblätter und Wacholderbeeren in einen Kaffeefilter geben und ihn mit einem Gummiband verschließen. Das Gewürzsäckchen in die Suppe geben und bei mittlerer Hitze zugedeckt ca. 45 Minuten köcheln lassen.

3 Sellerieknolle, Kartoffeln und Karotten schälen, in ca. 1 cm kleine Würfel schneiden und in den Eintopf geben. Die Weißkohlblätter in ca. 0,5 cm breite Streifen schneiden, ebenfalls dazugeben und weiterköcheln, bis das Gemüse weich ist. Vor dem Servieren das Altbier dazugeben und eventuell mit Salz und frisch gemahlenem weißen Pfeffer nachwürzen.

4 Den Eintopf in tiefen Tellern anrichten, einen Löffel Skyr daraufgeben und mit der Petersilie bestreuen. Das Roggenbrot in nicht zu kleine Stücke brechen, im Ofen bei 200 Grad kurz rösten und dazu servieren.

*Als „Verrückt nach Meer“ im Jahr 2018 zum ersten Mal Island ansteuert, haben Kreuzfahrtdirektor Jörn Hofer und Lademeister Frank Heim im beschaulichen Akureyri einen sehr speziellen Ausflug geplant: Sie besuchen ein Bier-Spa! Die beiden wissen selbst nicht so recht, was sie dabei erwartet und sitzen dann zu zweit (!) in einer Holz-Badewanne, die gefüllt ist mit heißem Quellwasser, Hefe, Hopfen und sehr vielen Litern Bier! Weil sich das Bier noch in einem frühen Stadium der Fermentation befindet, hat es einen sehr niedrigen pH-Wert, wodurch es angeblich die Haarfollikel strafft und Haut und Haare reinigt. So zumindest die Theorie..! In der Praxis haben Jörn Hofer und Frank Heim einfach nur großen Spaß an ihrem ungewöhnlichen Entspannungs-Programm. Vor allem die Zapfanlage direkt neben der Wanne sorgt dafür, dass sie nicht nur in Bier baden, sondern es auch trinken dürfen. Also Wellness ganz nach ihrem Geschmack!*

# Gebratener Wildlachs

## *dazu warmer Kartoffel-Spinat-Salat mit Blaubeer-Walnuss-Marinade*

**FÜR 4 PERSONEN**
4 EL Walnussöl
1 EL Bergbys Original, norwegischer Senf
2 EL Blaubeermarmelade
3 EL Weißweinessig
⅛ l Gemüsebrühe
Meersalz
schwarzer Pfeffer, geschrotet

600 g kleine Kartoffeln, gut gewaschen
120 g Blaubeeren
100 g Walnusskerne, leicht geröstet
120 g junge Spinatblätter

4 Wildlachssteaks mit Haut à 200 g
Meersalz
Zitronenpfeffer
Pflanzenöl

1 Zitrone
Dill, frisch und grob geschnitten

1 Walnussöl, Senf, Blaubeermarmelade und Weißweinessig mit dem Pürierstab glatt mixen und unter ständigem Mixen die Gemüsebrühe dazugießen, bis die Marinade leicht cremig ist. Mit Meersalz und Pfeffer würzen und bei Zimmertemperatur ziehen lassen.

2 Kartoffeln in Salzwasser weich kochen, abgießen, etwas auskühlen lassen und die Marinade dazugeben. Kurz vor dem Anrichten Blaubeeren, Walnüsse und Blattspinat vorsichtig untermischen.

3 Lachssteaks mit Meersalz und Zitronenpfeffer würzen. In einer Pfanne Pflanzenöl erhitzen und die Steaks mit der Hautseite zuerst braten, dann wenden. Die Steaks dürfen ruhig noch glasig sein.

4 Den Salat auf vorgewärmten Tellern mittig anrichten und den gebratenen Wildlachs daraufsetzen. Mit Zitronensaft beträufeln und mit Dill bestreuen.

*Wildlachs aus Norwegen gilt weltweit als kulinarische Delikatesse. Am besten schmeckt er natürlich, wenn er direkt vor Ort frisch gefangen wird. Das denken sich auch Kapitän Elmar Mühlebach und Küchen-Chef Jörg Schwab, als sie in Namsos an der norwegischen Westküste Station machen. Gemeinsam lassen sie sich von der wildromantischen Landschaft am Fluss Namsen verzaubern und werfen dort ihre Angelruten aus. Und warten. Leider vergeblich, denn an diesem Tag wollen die Lachse einfach nicht anbeißen. Der Traum vom selbstgeangelten Wildlachs, der später in der Bordküche vom Küchen-Chef persönlich zubereitet wird, geht für die beiden Seemänner nicht in Erfüllung. Als Trost bekommen sie aber von ihren Gastgebern ein üppiges Lunchpaket, prall gefüllt mit geräuchertem Namsen-Lachs, den sie auf der Rückfahrt zum Schiff verkosten. Und so sind sie doch noch, wenn auch anders als erwartet, in den Genuss von frischem Wildlachs gekommen.*

# Karjalanpiirakka

## Karelische Piroggen mit Rentierschinken, Räucherlachs und Käse

**FÜR 4 PERSONEN**

750 ml Milch
125 g Risottoreis
1 TL Salz
2 EL Butterflocken, gekühlt

250 g Roggenmehl
125 g Weizenmehl
200 ml Wasser
1/2 TL Salz

100 ml Milch
1 EL Butter

2 Eier, hart gekocht
25 g weiche Butter

Rentierschinken, hauchdünn geschnitten
Räucherlachs, dünn aufgeschnitten
Schnittkäse, aufgeschnitten, nach Belieben
Schnittlauch, fein geschnitten
Petersilie, gezupft
Dillspitzen

1 Milch, Risottoreis und Salz zusammen aufkochen. Bei mittlerer Hitze unter ständigem Rühren köcheln, bis der Reis breiig ist. Kurz abkühlen lassen und die kalten Butterflocken einrühren.

2 Für den Roggenteig Mehle, Wasser und Salz in der Küchenmaschine kneten, bis der Teig kompakt, aber nicht zu fest ist. Den fertigen Teig mit Plastikfolie abdecken und ca. 1 Stunde im Kühlschrank ruhen lassen.

3 Den Teig ca. 2 mm dünn ausrollen, 10 cm große Scheiben ausstechen und diese noch einmal leicht oval ausrollen. Die Teigscheiben bis fast an den Rand mit der Reismasse bestreichen und den nicht bestrichenen Teig mit den Fingern zu Falten zusammendrücken.

4 Piroggen auf Backpapier legen und im vorgeheizten Backofen bei 250 Grad ca. 15–20 Minuten backen, aus dem Ofen nehmen und einige Minuten ruhen lassen. Milch und Butter zusammen erwärmen, die Piroggen damit großzügig bestreichen und auskühlen lassen.

5 Die gekochten Eier klein hacken, mit der weichen Butter vermischen und auf die ausgekühlten Piroggen streichen. Die einzelnen Piroggen mit Rentierschinken, Räucherlachs und Käse belegen, mit frischen Kräutern garnieren und servieren.

*An der Südwestküste Finnlands haben die beiden Reiseleiter Maika und Moritz eine Verabredung zum Brotbacken! Auf der Insel Pensar werden sie von Bäckerin Eva Johansson herzlich begrüßt und bekommen gezeigt, wie man das "Archipel-Schwarzbrot" mit seinem typisch süßlichen Geschmack bäckt. Beim Verkneten der Zutaten erleben die beiden Reiseleiter ein echtes, finnisches Workout:. Während Maika mit beiden Armen den Topf hält, durchpflügt Moritz mit dem Schneebesen vier Liter Teig. Belohnt werden sie mit dem saftigsten und aromatischsten Schwarzbrot, das sie je gegessen haben!*

# Flaeskesteg

## *Gepökelter Krustenbraten mit Senf-Honig-Sauce und Schmorgemüse*

**FÜR 4 PERSONEN**
1,5 kg Schweinebauch mit Schwarte
4 l Wasser
6 Lorbeerblätter
4 Thymianzweige
4 Majoranzweige
2 TL schwarze Pfefferkörner
2 TL Kümmel
750 g Salz
250 g brauner Zucker
1 EL Salz zum Einreiben

12 kleine Kartoffeln, mit Schale und halbiert
16 Schalotten, geschält
2 Knoblauchknollen
12 junge Karotten, geschält
1 Knollensellerie, geschält und in 2 cm große Würfel geschnitten
4 Petersilienwurzeln, geschält

250 ml Gemüsebrühe
250 ml dunkles Bier
3 EL mittelscharfer Senf
3 EL Honig

2 EL Schnittlauch, fein geschnitten
2 EL Meerrettich, geschabt

1 Schweinebauch in kaltem Wasser abwaschen und anschließend mit Küchenpapier gut abtrocknen.

2 Wasser, Lorbeer, Thymian, Majoran, Pfefferkörner, Kümmel, Salz und Zucker zusammen einmal aufkochen, 20 Minuten ziehen lassen und anschließend kaltstellen. Schweinebauch in einen Plastikbehälter legen, mit der ausgekühlten Marinade übergießen, abdecken und 2 Tage im Kühlschrank marinieren. Marinierten Schweinebauch mindestens 2 Stunden in kaltem Wasser wässern und dabei das Wasser nach 1 Stunde wechseln.

3 Schweinebauch trocken tupfen, Schwarte mit ca. 5 mm Abstand kreuzweise einschneiden, mit Salz einreiben und im vorgeheizten Backofen bei 200 Grad ca. 2 Stunden braten. Nach 1 Stunde den Braten vom Blech nehmen. Kartoffeln, Schalotten, Knoblauch, Karotten, Sellerie und Petersilienwurzeln auf dem Blech verteilen, den Braten darauflegen und wieder in den Backofen geben. Gemüsebrühe, Bier, Senf und Honig zusammen kurz aufkochen und den Braten damit begießen.

4 Fertigen Schweinebraten aus dem Ofen nehmen, aufschneiden und mit Schnittlauch und geschabtem Meerrettich bestreuen.

*Nach einem abwechslungsreichen Tag in Dänemarks Hauptstadt erwartet die Passagiere an Bord ein besonderes Buffet, das noch vor dem Abendessen angeboten wird. Küchen-Chef Fritz Pichler hat nämlich in allen Häfen dieser Reise landestypische Spezialitäten eingekauft. Sein sogenannter „Tasting Table" umfasst Leckereien aus dem Baltikum, Skandinavien und Russland und spannt somit einen kulinarischen Bogen über den gesamten Ostseeraum. Da gibt es neben Kartoffelpelmeni, Fischbällchen und Eiersalat auch finnische Räucherall-Pastete aus Kabeljau, die Fritz Pichler extra in Turku besorgt hat. Die Zusammenstellung dieser Probiertische ist ihm nämlich eine persönliche Herzensangelegenheit. Und gleichzeitig seine Art, sich von den Passagieren zu verabschieden.*

# Schaschlik

## *mit Knoblauchreis*

**FÜR 4 PERSONEN**

1,5 kg Schweinenacken
1 Zwiebel, fein geschnitten
4 TL Meersalz
4 TL schwarzer Pfeffer, geschrotet
2 TL geräuchertes Paprikapulver
1 EL Rosmarin, fein gehackt
1 EL Oregano, fein gehackt
4 EL kalt gepresstes Rapsöl
100 ml Wasser

300 g Langkornreis
600 ml Wasser
1 EL Salz
3 Knoblauchzehen
4 EL Rapsöl
1 Bund Petersilie, Blätter grob gehackt
1 TL Chilisalz
2 TL Zitronenpfeffer

1 Den Schweinenacken in ca. 2 cm große Stücke schneiden und in eine Plastikschüssel legen. Alle anderen Zutaten dazugeben, gut durchmischen und über Nacht zugedeckt im Kühlschrank marinieren.

2 Die marinierten Fleischstücke nochmals durchmischen und Stück für Stück auf Holzspieße stecken. In einer Grillpfanne oder auf einem Elektro-Tischgrill ohne Öl braten.

3 Für den Knoblauchreis den Reis in ein Sieb geben und unter kaltem Wasser gut abwaschen. In leicht gesalzenem kaltem Wasser auf den Herd stellen, einmal aufkochen und dann ca. 20 Minuten zugedeckt köcheln lassen. Den Topf vom Herd nehmen und den gekochten Reis darin einige Minuten ausdämpfen lassen.

4 Knoblauch fein hacken und in Rapsöl knusprig braten. Knusprigen Knoblauch und Petersilie unter den Reis mischen und mit Chilisalz und Zitronenpfeffer würzen.

5 Den Knoblauchreis auf einem vorgewärmten Teller mittig anrichten und je 2 Spieße darauflegen. Am besten schmecken Domashnaja (Auberginenpüree) und Dunaiskiy (eingelegtes Gemüse) dazu.

*Als die Weiße Lady 2017 in St. Petersburg festmacht, will Kapitän Hansen die russische Metropole auf ganz typische Art entdecken und lässt sich in einem alten Wolga, Model M-21, durch die ehemalige Zarenstadt chauffieren. Gekrönt wird sein Tag dann mit einem Grillabend für die Offiziere und Reiseleiter der Weißen Lady. Auf Deck 7, direkt hinter der Nock, hat Patisserie-Chefin Roberta Rogošić den Backofen gegen den Grill eingetauscht und versorgt ihre Kolleg(inn)en gemeinsam mit Küchen-Chef Fritz Pichler mit knackigen Würstchen und saftigen Steaks. Vor der malerischen Kulisse des nächtlichen St. Petersburg bereitet dieses kleine Betriebsfest allen Beteiligten einen entspannten Abend, an dem sie alle einfach mal nur gemütlich und in Abwesenheit von Passagieren ihr Seemannsgarn spinnen können...*

17
RESTAURANT
FREDSFONDENS HUS
BONA GRATIA

# Baltischer Heringsaufstrich

**FÜR 4 PERSONEN**
500 g Quark
250 g Butter
2 Salzheringe, ohne Haut und Mittelgräte
1 Zwiebel, fein gehackt
1 Apfel, in feine Würfel geschnitten
1 Gewürzgurke, in feine Würfel geschnitten
Salz
weißer Pfeffer
3 Scheiben Sauerteigbrot
2 EL Butter
2 Eier, hart gekocht
4 EL Lachskaviar
frischer Dill

1 Quark und Butter in der Küchenmaschine verrühren. Salzheringe durch den Wolf drehen und dazugeben. Fein gehackte Zwiebel, Apfel- und Gewürzgurkenwürfel dazugeben, mit Salz und frisch gemahlenem weißen Pfeffer würzen und alles zusammen sehr schaumig schlagen. Den fertigen Aufstrich im Kühlschrank einige Stunden gut durchziehen lassen.

2 Die Sauerteig-Brotscheiben mit Butter bestreichen und in einer Pfanne kurz anrösten. Den Heringsaufstrich auf die gerösteten Brotscheiben streichen und mit gehacktem Ei, Lachskaviar und frischem Dill garnieren.

3 Ich trinke dazu am liebsten ein Glas Grüner Veltliner Smaragd aus der Wachau.

*Egal, wo auf der Welt er gerade mit einem Kreuzfahrtschiff unterwegs ist, Fritz Pichler nutzt jede Gelegenheit, um die örtlichen Märkte zu besuchen. So auch in Klaipėda, der größten Hafenstadt Litauens, wo sich der Küchen-Chef neugierig auf die Suche nach lokalen Spezialitäten macht. Im Schlepptau hat er Hoteldirektor Michael Schönherr zum Bezahlen und Bar-Chef Sascha, der fließend Russisch spricht, zum Übersetzen. Auf dem kleinen Markt wird das Trio schnell fündig und Fritz Pichler kauft dort mehrere Kilo Speck, das Kilo für günstige 7,80 Euro, eingelegtes Krautgemüse mit Kümmel und zweierlei eingelegte Gurken, natürlich alles in schiffsüblichen Mengen! Zum Abschluss feilscht er dann am Obststand um den Preis für 30 Kilo Süßkirschen und einigt sich mit der Marktfrau auf einen guten Preis für die frischen Früchte. Ein bisschen Handeln gehört für den Österreicher einfach dazu, um darüber mit den Menschen in Kontakt zu kommen. Schließlich soll so ein Einkauf auch Spaß machen!*

# Elchgulasch

*mit Kohl und Kartoffeln*

**FÜR 4 PERSONEN**

500 g Gemüsewürfel aus Zwiebel, Karotte, Sellerie, Petersilienwurzel
4 EL Schmalz
2 EL Tomatenmark
2 EL Paprikapulver edelsüß
¼ l Rotwein
1,5 kg Elchschulter, in Würfel von 3 cm geschnitten
Salz
2 l Wasser
1 TL Pfefferkörner
1 TL Wacholderbeeren
1 TL Piment
1 EL Beifuß
4 Lorbeerblätter
3 EL glattes Mehl zum Binden
6 EL Wasser zum Binden

8 Kartoffeln, weich gekocht und in 1 cm dicke Scheiben geschnitten
250 g Weißkohl, weich gekocht und blättrig geschnitten
2 EL Schmalz
Salz
schwarzer Pfeffer

100 g Preiselbeeren
8 TL Sauerrahm
4 EL Petersilie, grob gehackt

1 Gemüsewürfel in Schmalz anrösten und das Tomatenmark dazugeben. Kurz weiterrösten, Paprikapulver darüberstreuen und mit Rotwein ablöschen. Elchfleisch zufügen, mit Salz würzen und mit Wasser auffüllen. Aus Pfefferkörnern, Wacholderbeeren, Piment, Beifuß und Lorbeerblättern ein Gewürzsäckchen machen, dazugeben und das Ganze bei schwacher Hitze ca. 3 Stunden köcheln lassen, bis das Fleisch weich ist. Mehl und Wasser glatt rühren und das Gulasch damit leicht eindicken.

2 Kartoffelscheiben und Weißkohl in Schmalz anbraten und mit Salz und frisch gemahlenem Pfeffer würzen.

3 Gulasch auf vorgewärmten Tellern anrichten. Angebratenes Kartoffel-Kohl-Gemüse daraufgeben und mit Preiselbeeren, Sauerrahm und gehackter Petersilie garnieren.

*Tallinn zählt zu den am besten erhaltenen mittelalterlichen Städten Nordeuropas. Mit ihren verwinkelten Gassen, den bunten Giebeldächern und gotischen Fassaden mutet die berühmte Altstadt fast märchenhaft an. Besucher, die dem mittelalterlichen Charme auch kulinarisch begegnen wollen, schlemmen im Restaurant Olde Hansa, wo noch nach Originalrezepten aus dem 15. Jahrhundert gekocht wird. Auch Kapitän Morten Hansen und Nautik-Offizier Christian Baumann wollen sich das bei ihrem Besuch in Estlands Hauptstadt nicht entgehen lassen. Nach einer persönlichen Führung durch das stattliche Haus, das einst ein reicher Kaufmann erbaut hat, verfallen auch die beiden Seemänner bei Malzbier und Elchsuppe dem authentischen Flair des mittelalterlichen Restaurants.*

# Clotted Cream

## *Eiscreme, Mousse & Smoothie*

**FÜR 4 PERSONEN**
65 ml Milch
65 g Sahne
13 g Glukosesirup
150 g Clotted Cream

1 Blatt Gelatine
25 g Clotted Cream
40 g Zucker
100 g Sahne, leicht geschlagen
1 Vanillestange
35 g flüssige Sahne, aufgewärmt

100 g Clotted Cream
200 ml Milch
50 g Zucker
4–5 Eiswürfel

100 g Blaubeeren
50 g Zucker
80 ml Crème de Cassis

1 Für die Eiscreme Milch, Sahne und Glukosesirup so lange erwärmen, bis sich die Glukose aufgelöst hat. Vom Herd ziehen und abkühlen lassen. Wenn die Masse erkaltet ist, die Clotted Cream mit dem Schneebesen unterrühren, in die Eismaschine geben und frieren. Wenn keine Eismaschine vorhanden ist, kann man die Eismasse in einer verschlossenen Schale in den Gefrierschrank stellen. Um das Eis sehr fein zu bekommen, ca. 6–7 Stunden lang alle 60 Minuten kräftig durchrühren, damit sich die Eiskristalle gleichmäßig verteilen.

2 Für die Mousse Gelatine in kaltem Wasser einweichen. Clotted Cream und Zucker schaumig aufschlagen und die leicht geschlagene Sahne vorsichtig unterheben. Vanillestange halbieren, die Hälfte des Vanillemarks vorsichtig mit einem Messer auskratzen und in die warme Sahne geben. Die eingeweichte Gelatine gut ausdrücken und mit der Vanillesahne verrühren, bis sie vollständig aufgelöst ist. Die Masse nicht kochen. Die Vanillesahne vorsichtig unter die aufgeschlagene Clotted Cream ziehen und in kleine Timbal oder Schälchen abfüllen.

3 Für den Smoothie Clotted Cream, Milch, Zucker und Eiswürfel in einen Mixer geben und zunächst kurz auf kleinster Stufe, dann schnell mixen. In Gläser abfüllen und sofort servieren.

4 Für die Blaubeersauce Blaubeeren, Zucker und die Crème de Cassis aufkochen, bis die Beeren weich sind. Mit einem Pürierstab fein pürieren und durch ein feines Sieb streichen, danach kaltstellen.

*Auf den britischen Scilly Islands wollen die Reiseleiter Cori und Bernd zum ersten Mal in ihrem Leben Kühe melken. Dazu müssen sie aber erst einmal die Jersey-Rinder von der malerischen Weide in den Stall treiben. Mit Hilfe der Melkmaschine gehen sie dort ans Werk und Bernd wird plötzlich bewusst, wie viel Arbeit in einem Liter Milch steckt. Zur Belohnung bekommen sie selbstgemachte Eiscreme - und zwar aus der Milch der glücklichen Kühe!*

# Stuffat Tal-Fenek

## *Geschmorte Kaninchenkeulen*

**FÜR 4 PERSONEN**
1 EL Ras el Hanout
2 Knoblauchzehen, gepresst
1 TL Salz
1 TL schwarzer Pfeffer, geschrotet
20 ml Olivenöl
4 Kaninchenkeulen, halbiert
8 Schalotten, klein gehackt
3 Karotten, in kleine Würfel von 1 cm geschnitten
1 Sellerieknolle, in kleine Würfel von 1 cm geschnitten
150 g Bauchspeck, in kleine Würfel von 0,5 cm geschnitten
2 EL Tomatenmark
¼ l Rotwein
250 g Flaschentomaten
½ l Gemüsebrühe
5 Lorbeerblätter
2 Salbeizweige
1 Zitrone, in Scheiben geschnitten
250 g Süßkartoffeln, in Würfel von 2 cm geschnitten
250 g Kürbis, in Würfel von 2 cm geschnitten

1 Baguette
40 ml Olivenöl
4 EL Petersilie, grob gehackt

1 Ras el Hanout, Knoblauch, Salz, Pfeffer und Olivenöl verrühren und die Kaninchenkeulen damit gut einreiben. Kaninchenkeulen in einem Schmortopf beidseitig anbraten und danach herausnehmen. Im gleichen Topf Schalotten, Karotten, Sellerie und Bauchspeck zusammen mit dem Tomatenmark anrösten, mit Rotwein ablöschen und ca. 10 Minuten leicht köcheln. Flaschentomaten, Gemüsebrühe, Lorbeer, Salbei und Zitrone dazugeben, einmal aufkochen, die Kaninchenkeulen dazugeben und im vorgeheizten Backofen bei 200 Grad zugedeckt ca. 40 Minuten schmoren. Nach ca. 30 Minuten Süßkartoffeln und Kürbis dazugeben.

2 Baguette in beliebig große Stücke brechen, mit Olivenöl beträufeln und rösten. Kurz vor dem Servieren die Baguettestücke mit Petersilie bestreuen und zusammen mit den Kaninchenkeulen sowie dem Ofengemüse anrichten.

*Die drei Schiffspraktikanten, Franzi, Julia und Thomas haben sich im Fischerdorf Marsaxlokk mit maltesischen Fischern verabredet und wollen mit ihnen hinaus aufs Meer fahren. Das Ehepaar Carmel und Sharon Zammit begrüßt die Gruppe auf seinem kunterbunten Boot, einem sogenannten Luzzi. Die Tradition dieser kleinen, wendigen Fischerboote geht zurück bis auf die Phönizier. Und mit ihrem farbenfrohen Anstrich und dem aufgemalten Augenpaar am Bug sind sie längst ein Wahrzeichen Maltas. Draußen auf dem Meer dürfen die drei Praktikanten zuschauen, wie Sharon die Netze auszuwirft und ihm dabei helfen, sie wieder einzuholen. Dabei kann ein Oktopus gerade noch entkommen, ein anderer kleiner Tintenfisch geht aber ins Netz. Und obwohl Franzi Köchin ist, bereitet ihr der zappelnde Fisch doch ein Grummeln im Bauch. Dennoch ist der Ausflug für sie, Julia und Thomas eine schöne Erfahrung, die ihnen nahe bringt, wie mühevoll die tägliche Arbeit von Carmel und Sharon ist. Dem nächsten Fisch auf ihrem Teller werden sie jedenfalls mit ganz anderem Respekt begegnen.*

VLT MFA 7516

# Penne Carbonara

*Auf meine Art*

**FÜR 4 PERSONEN**
800 g Penne
2,5 l Wasser
1 EL Salz

3 Schalotten, in feine Ringe geschnitten
2 Knoblauchzehen, gepresst
200 g Pancetta-Bauchspeck, in kleine Würfel von 0,5 cm geschnitten
4 EL Olivenöl
4 cl Weißwein
250 g Sahne
100 g grüne Erbsen
12 Zwergtomaten, geviertelt
schwarzer Pfeffer
2 Eigelb

8 EL Parmesan, fein geschabt
16 Basilikumblätter, grob geschnitten

1 Penne nach Packungsanweisung in gesalzenem Wasser bissfest kochen.

2 In der Zwischenzeit Schalotten, Knoblauch und Bauchspeck in Olivenöl anbraten, mit Weißwein und Sahne ablöschen. Grüne Erbsen und Zwergtomaten dazugeben, mit frisch gemahlenem Pfeffer würzen und einmal kurz aufkochen lassen. Die Pfanne vom Herd nehmen, Eigelb unterrühren und die noch heißen Nudeln untermischen.

3 Die Nudeln auf vorgewärmten Pastatellern anrichten und mit Parmesan und Basilikum bestreuen.

*Sieben Sonnen scheinen über der Lagunenstadt, als die 1. Offizierin Diana und Schreinerpraktikant Thomas sich in ihrer Mittagspause mit dem Vaporetto aufmachen, eine typische, venezianische Delikatesse zu erkunden. Im Ristorante San Trovaso werden nämlich Le Moeche serviert, das sind Krebse ohne Rückenschild. Sie tummeln sich in der Lagune von Venedig und das Besondere ist, dass sie zweimal im Jahr ihren Panzer ablegen, um einen neuen zu bilden. Nur in dieser Zeit, wenn ihr Fleisch besonders weich und zart ist, werden sie gefangen und daher auch nur in den Monaten März, April, Oktober und November auf dem Fischmarkt für circa 70 Euro pro Kilo angeboten. Im San Trovaso werden die Krebse mit ein wenig Eigelb und Mehl paniert und kommen dann in die Fritteuse. Als Diana und Thomas die fertigen Le Moeche serviert kriegen, sind sie erst einmal skeptisch, doch schließlich sehr angetan von diesem außergewöhnlichen Krebs-Gericht.*

# Pizza Napoli

**FÜR 4 PERSONEN**

500 g Weizenmehl (Type 00)
1 TL Salz
25 g Hefe
350 ml Wasser
3 EL Olivenöl Extra Vergine

1 Zwiebel, fein geschnitten
2 Knoblauchzehen, gepresst
4 EL Olivenöl Extra Vergine
2 EL Tomatenmark
400 g Tomaten, gewürfelt (aus der Dose)
2 EL italienische Kräuter
Salz
schwarzer Pfeffer

350 g Mozzarella, in Scheiben geschnitten
200 g schwarze Oliven ohne Stein (im Glas)
40 g Sardellenfilets

1 EL Oregano, gerebelt
Basilikumblätter, frisch

1 Mehl, Salz, Hefe, Wasser und Olivenöl in der Rührmaschine bei kleiner Stufe zu einem weichen Teig kneten. Den fertigen Teig zu einer Kugel formen und mit Mehl bestäuben. Mit einem Tuch abdecken und bei Zimmertemperatur mindestens 1 Stunde ruhen lassen.

2 Zwiebel und Knoblauch in Olivenöl leicht anschwitzen. Tomatenmark dazugeben, kurz mitrösten und mit den Dosentomaten aufgießen. Die italienischen Kräuter dazugeben, mit Salz und frisch gemahlenem Pfeffer würzen und ca. 25 Minuten leicht köcheln lassen.

3 Den Teig auf einer mit Mehl bestäubten Arbeitsfläche 0,5 cm dünn ausrollen, auf Backpapier legen und mit der ausgekühlten Tomatensauce bestreichen. Mit Mozzarella, Oliven und Sardellenfilets belegen.

4 Ein Backblech im Ofen bei 240 Grad vorheizen. Die fertig belegte Pizza mit dem Backpapier auf das heiße Blech schieben und ca. 20–25 Minuten backen.

5 Die gebackene Pizza mit Oregano bestreuen und mit den frischen Basilikumblättern garnieren. In beliebig große Stücke schneiden und servieren.

*Die italienische Hafenstadt Neapel gilt als die Wiege der Pizza. „Die Kunst des neapolitanischen Pizzabäckers" wurde 2017 sogar von der UNESCO zum Weltkulturerbe erklärt. Als die Grand Lady hier festmacht, wollen Küchen-Chef Jörg Schwab und Hoteldirektor Andreas Vespermann der „Ur-Pizza" auf den Grund gehen. In einer kleinen Pizzeria dürfen sie zuerst helfen, den Teig zu kneten und als Belag wählen sie ganz klassisch Basilikum, Tomatensugo und Mozzarella. So tat es der Legende nach 1889 auch Pizzabäcker Raffaele Esposito für Margherita, die Frau des italienischen Königs Umberto I., als die beiden in Neapel weilten. Und geboren war die berühmte „Pizza Margherita", die Jörg Schwab und Andreas Vespermann mit ein wenig Stolz und großem Appetit verspeisen.*

# Kourabiedes

## *Mandelgebäck*

**ERGIBT 20 PLÄTZCHEN**
100 g weiche Butter
75 g Zucker
1 Ei
1 Msp. Vanillemark
1 EL Ouzo
1 Prise Salz
190 g Mehl, gesiebt
60 g Mandeln, gemahlen
100 g Rosinen
20 Gewürznelken
2 EL Orangenblütenwasser
125 g Puderzucker

1 Butter und Zucker schaumig aufschlagen. Ei, Vanillemark, Ouzo und Salz hinzufügen und gut verrühren. Mehl, Mandeln und Rosinen vermischen und gründlich unter die Butter-Zucker-Masse kneten. Den fertigen Teig abdecken und 30 Minuten kaltstellen.

2 Backofen auf 180 Grad Ober-/Unterhitze vorheizen. Backpapier auf ein Blech legen. Den Teig zu einer Rolle formen und pflaumengroße Stücke mit einem Messer abschneiden, runde Kugeln formen, aufs Backpapier legen und mit dem Handballen etwas flach drücken. Zuletzt die Gewürznelken mittig auf die Plätzchen setzen. Im vorgeheizten Backofen ca. 20 Minuten backen.

3 Die noch warmen Plätzchen leicht mit Orangenblütenwasser einpinseln und mit Puderzucker bestäuben.

*Von Piräus aus, wo die Grand Lady festgemacht hat, ist es mit dem Auto nur etwa eine halbe Stunde Fahrt bis in die griechische Hauptstadt Athen, wo sich mitten in der Altstadt der Zentralmarkt Kentriki Agorá befindet. Ein wohlhabender Kaviarhändler stiftete 1880 den Athenern diesen Markt, auf dem noch heute neben Fleisch, Fisch, Käse, Obst und Gemüse eigentlich fast alles, was essbar ist, in einer wunderbar authentischen Atmosphäre angeboten wird. Küchen-Chef Stefan Schmitz und seine Praktikantin Jannicke wollen hier in großen Mengen frischen Fisch für ein typisch griechisches Passagier-Menü kaufen, werden aber trotz des üppigen Angebots nicht fündig. Denn kein Händler hat an diesem Tag so große Mengen vorrätig, wie sie der Schiffskoch benötigt, um für über 1.000 Passagiere zu kochen. Doch die beiden haben noch einen Spezialauftrag von Bordarzt Dr. Winnie Koller, der sich sehnlichst frischen Oktopus gewünscht hat. Davon brauchen sie auch nur 3 Kilogramm und fahren so wenigstens nicht ganz ohne Erfolgserlebnis zurück zum Schiff.*

# Biber Dolma

*Gefüllte Paprikaschoten*

**FÜR 4 PERSONEN**
4 grüne Paprikaschoten

4 Schalotten, fein gewürfelt
2 Knoblauchzehen, gepresst
1 Aubergine, ohne Haut, in 1 cm kleine Würfel geschnitten
1 Zucchini, ohne Kerne, in 1 cm kleine Würfel geschnitten
60 ml Olivenöl
1 TL Thymian, getrocknet
1 TL Rosmarin, getrocknet
4 EL Petersilie, grob geschnitten
2 EL schwarze Oliventapenade
500 g Risottoreis, gekocht
250 g Schafskäse
2 EL Zucker
Salz
schwarzer Pfeffer

1 Zwiebel, geviertelt
1 Knoblauchknolle, halbiert
2 Chilischoten
40 ml Olivenöl
500 g Flaschentomaten
2 Thymianzweige
2 Rosmarinzweige
Salz
schwarzer Pfeffer

1 Die Paprikaschoten ca. 2 cm unter dem Stiel durchschneiden, das Kerngehäuse entfernen und gut waschen.

2 Schalotten, Knoblauch, Auberginen- und Zucchiniwürfel in Olivenöl anbraten. Thymian, Rosmarin, Petersilie und Oliventapenade dazugeben und kurz weiterbraten. Risottoreis, Schafskäse und Zucker dazugeben, gut durchmischen und mit Salz und frisch gemahlenem Pfeffer würzen. Die Paprikaschoten mit der Mischung füllen.

3 Für die Tomatensauce Zwiebel, Knoblauch und Chili in Olivenöl scharf anbraten, mit den Flaschentomaten ablöschen. Thymian und Rosmarin dazugeben, einmal aufkochen lassen und mit Salz und frisch gemahlenem Pfeffer würzen.

4 Gefüllte Paprikaschoten in einen Schmortopf geben, mit der Tomatensauce übergießen und bei 200 Grad Umluft ca. 20–25 Minuten im Ofen schmoren.

5 Paprikaschoten auf einer vorgewärmten Platte anrichten und mit der Tomatensauce übergießen. Am besten schmeckt dazu Fladenbrot vom Türken um die Ecke.

*Als die Grand Lady im türkischen Badeort Alanya festmacht, lädt Kreuzfahrtdirektor Klaus Gruschka seine beiden Kolleginnen Manuela und Kim zum Mittagessen ein und verspricht ihnen einen echten „Geheimtipp". Sie fahren zum Fluss Dimayi in die Berge oberhalb von Alanya und besuchen dort das Restaurant Dimayi Pinarbasi. Abseits des Touristentrubels, der „unten" in Alanya herrscht, entspannen sich die drei Kreuzfahrer in dieser grünen Oase und verabreden, dabei nicht über die Arbeit zu sprechen. Bei den türkischen Vorspeisen wie gefüllten Weinblättern, geschmorten Kichererbsen und Acili Ezme, einer scharfen Gewürzpaste, fällt ihnen das nicht schwer. Als Hauptgang essen sie gegrillte Forellen, fangfrisch aus dem Bergfluss direkt unter ihnen, und sind sich alle einig, dass so eine private Auszeit vom Schiff richtig gut tut!*

# Borschtsch

## *Deftige Rote-Bete-Suppe mit Rindfleisch*

**FÜR 4 PERSONEN**
100 g Bauchspeck, fein gewürfelt
2 Zwiebeln, fein gewürfelt
4 EL Rapsöl
1 EL Tomatenmark
2 EL Tafelessig
2 l Rinderbrühe
150 g Kartoffeln, in 1 cm kleine Würfel geschnitten
150 g Weißkohl, grob geraspelt
150 g Karotten, grob geraspelt
200 g Rote Bete, grob geraspelt
250 g Rinderoberschale, gekocht und in 1 cm kleine Würfel geschnitten
100 g Lauch, in Ringe geschnitten
Salz
schwarzer Pfeffer

125 g Sauerrahm
2 Knoblauchzehen, gepresst
4 EL Petersilie, gehackt

4 Scheiben Roggenbrot
1 EL Butter

1 Bauchspeck und Zwiebeln in Rapsöl glasig anschwitzen. Tomatenmark dazugeben, kurz mitrösten, mit Essig ablöschen und mit der Rinderbrühe auffüllen. Kartoffeln und Weißkohl dazugeben und leicht köcheln, bis die Kartoffeln fast weich sind. Karotten und Rote Bete dazugeben und langsam weiterköcheln, bis das gesamte Gemüse weich ist. Zuletzt gekochtes Rindfleisch und Lauch in die Suppe geben und mit Salz und frisch gemahlenem Pfeffer würzen.

2 Sauerrahm, Knoblauch und Petersilie zusammen glatt rühren. Dann Roggenbrot mit Butter bestreichen und goldbraun anrösten.

3 Die Suppe in vorgewärmten Tellern anrichten und kurz vor dem Servieren den Sauerrahm daraufgeben. Geröstetes Roggenbrot extra dazu servieren.

*Jährlich strömen mehr als zwei Millionen Touristen in die „Perle am Schwarzen Meer". Als Kapitän Hansen 2013 in Odessa anlegt, ist seine Ehefrau Waltraud gerade zu Besuch an Bord. Gemeinsam bekommen sie eine ganz persönliche Stadtführung, denn hier lebt Alex Zinkovskiy mit seiner Frau Madlen: Der ukrainische Seemann fährt seit vielen Jahren mit Morten Hansen über die sieben Weltmeere. Heute flanieren sie zusammen über den Deribasovskaya Boulevard mit seinen herrschaftlichen Villen aus der Zarenzeit. Als Höhepunkt besichtigen sie das berühmte Opernhaus von Odessa, in dem schon Tschaikowsky dirigierte und Rachmaninow Klavierkonzerte gab. Die Einwohner nennen es wegen seiner runden Formen liebevoll „Wiener Torte", wohingegen Fremde es als eines der schönsten Opernhäuser der Welt bezeichnen. Für Morten Hansen ist es sogar eines der schönsten Gebäude, die er je gesehen hat. Zum Abschluss verzehren die Vier noch in einem der vielen Altstadtlokale ein typisches Borschtsch und dutzende Austern, frisch aus dem Schwarzen Meer. Schmeckt beides gut, hinterlässt aber nicht so bleibende Erinnerungen wie die „Perle" Odessa selbst.*

# Golden Eye

## *Lachs-Tatar mit gebackenem Ei und Schwarzmeer-Kaviar*

**FÜR 4 PERSONEN**

400 g Lachsfilet ohne Haut und Gräten, Sushi-Qualität
4 Schalotten, fein gewürfelt
4 EL Olivenöl Extra Vergine
2 EL Zitronensaft
1 TL Fleur de Sel
1 TL schwarzer Pfeffer
2 EL fein geschnittener Dill

2 TL Butter
4 EL Wasser
4 Eier
4 EL Sauerrahm
4 EL fein geschnittener Schnittlauch
4 EL Croûtons (geröstete Weißbrotwürfel)
200 g Störkaviar Malossol Osietra
Blattgoldflocken

1 Das Lachsfilet in 0,5 cm kleine Würfel schneiden. Schalotten, Olivenöl, Zitronensaft, Fleur de Sel, frisch gemahlenen Pfeffer sowie Dill dazugeben und vorsichtig mit einem Löffel durchmischen.

2 Butter in einer beschichteten Pfanne erhitzen, aus den Wachteleiern Spiegeleier braten und auskühlen lassen.

3 Das Lachstatar in gekühlte Gläser füllen. Schichtweise Sauerrahm, Schnittlauch, Croûtons und Kaviar daraufgeben. Zuletzt das Wachtelspiegelei daraufsetzen und mit Blattgold bestreuen.

*Seine Reiseleiter-Karriere begann Kreuzfahrtdirektor Klaus Gruschka einst auf der Maxim Gorki, einem Kreuzfahrtschiff mit vornämlich russischer Besatzung. Und damit begann auch seine Leidenschaft für Kaviar! Als die Grand Lady 2012 Jalta besucht, macht sich Klaus Gruschka daher mit Bordarzt Dr. Winfried Koller auf die Suche nach dem „Schwarzen Gold". Dank seiner guten Russischkenntnisse erfährt der Kreuzfahrtdirektor von Einheimischen, dass sie ein bestimmtes Delikatessen-Geschäft aufsuchen sollen. Doch dieses hat noch geschlossen! Nach stundenlangem Warten und einem Kaffee an der Hafenpromenade öffnet es dann endlich und Klaus Gruschka kauft dort überglücklich die allerletzte Dose Kaviar. Zurück an Bord, bekommen sie den Störrogen dann nach dem Ablegen im Restaurant serviert, und laden Kapitän Hansen zu dieser Delikatesse ein.*

Asien
Wladiwostok
Okinawa
Yangon
Hongkong
Kaohsiung
Trivandrum
Phuket
Ho-Chi-Minh-Stadt
Hambantota
Langkawi
Puerto Princesa
Singapur
Banda Besar

# Ped Makan

## *Krosse Ente mit Tamarinde*

**FÜR 4 PERSONEN**

1 Ente von 2 kg, bratfertig
4 EL Sojasauce
2 EL Tamarindenpaste
1 TL Thai-Curry-Paste
1 EL Nam Pla (fermentierte Fischsauce)
2 EL Limonensaft
2 EL brauner Zucker

600 g Chinakohl
2 EL Sesamöl
4 EL Sojasauce
2 EL Honig

4 Eier
4 EL Pflanzenöl
100 g Karotten, fein gewürfelt und gekocht
100 g Sellerie, fein gewürfelt und gekocht
2 EL Sesamöl
500 g Langkornreis, gekocht
Salz
schwarzer Pfeffer
100 g grüne Erbsen
2 EL weiße Sesamsaat, ohne Fett geröstet

1 Ente mit kaltem Wasser abwaschen und mit Küchenpapier trocken tupfen. Sojasauce, Tamarindenpaste, Thai-Curry-Paste, Nam Pla, Limonensaft und braunen Zucker verrühren. Die Ente mit der Marinade einreiben und 1 Stunde bei Zimmertemperatur marinieren. Die marinierte Ente im auf 180 Grad vorgeheizten Backofen ca. 90 Minuten braten.

2 Chinakohlblätter in ca. 3 cm große Stücke schneiden und in Sesamöl scharf anbraten. Mit Sojasauce ablöschen, Honig dazugeben und durchschwenken.

3 Eier verschlagen, Pflanzenöl erhitzen und aus den verschlagenen Eiern ein ca. 0,3 cm dünnes Omelett braten. Omelett auskühlen lassen, zusammenrollen und in feine Streifen schneiden. Karotten- und Selleriewürfel in Sesamöl scharf anbraten, den gekochten Reis dazugeben, kurz braten und mit Salz und frisch gemahlenem Pfeffer würzen. Vor dem Anrichten die Eierstreifen und grünen Erbsen untermischen.

4 Bratreis auf vorgewärmten Tellern anrichten und die Ente anlegen. Mit Bratensaft beträufeln und mit geröstetem Sesam bestreuen. Chinakohl extra in einer kleinen Schale servieren.

*Auch Passagiere lassen sich gerne mal auf kulinarische Experimente ein. Als das Kölner Pärchen Scarlett und Matthias in Phuket einen thailändischen Kochkurs macht, stehen zu ihrer Überraschung Ameiseneiersalat, Fischsuppe mit roten Ameisen und Froschsalat auf der Speisekarte für das Menü, das sie kochen sollen. Ihr Kochkurs findet auch nicht in einem klimatisierten Restaurant statt, sondern in einer Garküche direkt am Straßenrand. Für Thailand ist das ganz typisch, ebenso wie die exotisch anmutenden Zutaten des Viergänge-Menüs. Doch vor allem Scarlett graust es davor, Insekten oder gar Frösche zu verspeisen. Tapfer probieren aber beide die ihnen doch sehr befremdlichen Speisen. Als ihnen als letzter Gang roher Wasserbüffel angeboten wird, verlässt die Kölner jedoch der Mut. Immerhin stehen noch drei Wochen Kreuzfahrt vor ihnen …*

# Gemüsecurry

## *mit Roti Jala (malaysischen Pfannkuchen)*

**FÜR 4 PERSONEN**

12 Schalotten, halbiert
3 Knoblauchzehen, gepresst
2 Pak Choi, in breite Streifen geschnitten
1 Ingwerknolle, gerieben
1 Aubergine, in kleine Würfel von 2 cm geschnitten
4 EL Kokosöl
3 EL Currypaste
2 EL Turmeric-Pulver
1,5 l Gemüsebrühe
200 ml Kokosmilch
3 Limonenblätter
600 g Kartoffeln, geschält und in Stücke geschnitten
Salz
schwarzer Pfeffer
3 Paprikaschoten, geputzt und Stücke geschnitten
2 EL Erdnussöl

200 ml Wasser
200 ml Kokosmilch
3 Eier
¼ TL Salz
¼ TL Turmeric-Pulver
¼ TL Kreuzkümmel, gemahlen
1 EL Sesamöl
250 g Weizenmehl, gesiebt
Pflanzenöl

1 Chilischote, in Ringe geschnitten
4 EL Koriandergrün, grob geschnitten

1 Schalotten, Knoblauch, Pak Choi, Ingwer und Aubergine in Kokosöl anbraten. Currypaste und Tumeric-Pulver dazugeben, kurz mitrösten und mit der Gemüsebrühe ablöschen. Kokosmilch, Limonenblätter, Kartoffeln dazugeben, leicht köcheln lassen und mit Salz und frisch gemahlenem Pfeffer würzen. Kurz vor dem Servieren die Paprikaschoten in Erdnussöl anbraten und dazugeben.

2 Wasser, Kokosmilch, Eier, Salz, Turmeric, Kreuzkümmel und Sesamöl zusammen glatt rühren. Weizenmehl vorsichtig unterrühren und den Teig im Kühlschrank zugedeckt ca. 1 Stunde ziehen lassen. Den Teig durchrühren, Pflanzenöl erhitzen und kleine Pfannkuchen daraus backen.

3 Gemüsecurry in vorgewärmten tiefen Tellern anrichten, mit Chili und Koriandergrün bestreuen und zusammen mit den Pfannkuchen servieren.

*Auch auf Langkawi sind es Passagiere, die sich neugierig auf fremdes Terrain begeben. Gaby und ihre Tochter Nadja begleiten einen örtlichen Fischer hinaus aufs offene Meer. Ihr Wunsch, zum ersten Mal im Leben selber einen Fisch zu angeln, geht jedoch trotz guten Willens und einigen Anstrengungen nicht in Erfüllung. Zum Trost werden sie auf einer der schwimmenden Fischfarmen zum Essen eingeladen und dürfen sogar bei der Zubereitung helfen. Gekocht wird "Masak Lemar Cili Api", ein typisch malaysisches Gericht mit Riesenzackenbarsch. Nadja mörsert Chilischoten, Gaby schneidet Bananenblätter, ansonsten kommen noch Kurkuma, getrocknete Tamarinde und schließlich Kartoffeln hinzu.*

# Singapore Style

## *Hähnchen-Nudelsuppe*

**FÜR 4 PERSONEN**
1 Zwiebel, fein gewürfelt
2 Knoblauchzehen, gepresst
2 EL Pflanzenöl
2 Hähnchenbrüste, in feine Streifen geschnitten
2 l Hähnchenbrühe
250 g Eiernudeln

200 g Karotten, in feine Streifen geschnitten
200 g Chinakohl, blättrig geschnitten
200 g Pak Choi, blättrig geschnitten
2 Chilischoten, entkernt und in feine Ringe geschnitten
4 Limonenscheiben
2 EL geröstetes Sesamöl
4 EL Sojasauce
Salz nach Belieben

2 Eier, hart gekocht und in Spalten geschnitten
etwas Koriandergrün, grob geschnitten

1 Zwiebel und Knoblauch in Pflanzenöl glasig anbraten. Hähnchenbruststreifen dazugeben, kurz mitbraten und mit der Hähnchenbrühe auffüllen. Eiernudeln dazugeben und leicht köcheln, bis diese gar sind.

2 Karotten, Chinakohl, Pak Choi, Chilischoten und Limonenscheiben in die Suppe geben und ca. 10 Minuten bei niedriger Temperatur ziehen lassen. Sesamöl und Sojasauce dazugeben und eventuell mit etwas Salz nachwürzen.

3 Vor dem Servieren die gekochten Eier dazugeben und mit Koriandergrün bestreuen.

*Entertainment-Manager Rainer Gröber und sein Kollege Mirko Scheffe besuchen in Singapur eine kleine Craft-Bier Brauerei, die sich im 33. Stock eines Wolkenkratzers befindet. Oben angekommen, werden sie von Braumeister Gabriel Garcia in Empfang genommen. Der gebürtige Argentinier hat in Weihenstephan sein Handwerk gelernt und ist der bayerischen Biertradition treu verbunden. Er bezieht nicht nur sein Malz aus Bamberg und Hopfen aus der Hallertau, sondern schenkt auch pünktlich zum "O'zapft is!" beim Oktoberfest in Singapur sein selbstgebrautes Festbier aus. Für Rainer und Mirko öffnet der Braumeister seine Kupferkessel, wo gerade das gemahlene Braumalz mit Wasser vermengt wird. Die so entstehende Maische wird dann auf verschiedene Temperaturstufen erhitzt, damit sich die natürlichen Enzyme der Malzkörner langsam in Zucker wandeln. Nach der trockenen Theorie führt Gabriel Garcia seine Gäste zum flüssigen Teil der Brau-Lehrstunde hinaus auf die Dachterrasse. Hier werden Rainer und Mirko nicht nur von der spektakulären Skyline des nächtlichen Singapur beeindruckt, sondern auch vom sehr speziellen Geschmack des frischgezapften Hausgebräus.*

# Goi Cuon

## *Vietamesische Sommerrollen*

**FÜR 4 PERSONEN**

200 g Rotkohl, fein geschnitten
2 TL Meersalz
1 Gurke, geschält, entkernt und in feine Streifen geschnitten
2 Karotten, geschält und in feine Streifen geschnitten
2 Frühlingszwiebeln, fein geschnitten
3 EL Nam Pla (fermentierte Fischsauce)
2 EL geröstetes Sesamöl
1 EL schwarze Sesamsaat
12 Reisblätter
12 Chinakohlblätter
24 Thai-Basilikum-Blätter
1 Avocado, in feine Spalten geschnitten

150 g Erdnüsse, geröstet
250 g Kokosmilch
1 Mango, klein geschnitten
4 EL Sojasauce
4 EL Limonensaft
2 EL brauner Zucker
1 TL Chilipaste
20 g Minze

12 Pak-Choi-Blätter
2 Chilischoten, entkernt und in feine Ringe geschnitten
4 EL grob geschnittenes Koriandergrün
50 g Erdnüsse, geröstet
2 Limonen, halbiert

1 Für die Sommerrollen Rotkohl und Meersalz in eine Schüssel geben, vermengen und ca. 10 Minuten marinieren. Den marinierten Rotkohl ausdrücken und die Flüssigkeit weggießen. Gurken, Karotten, Frühlingszwiebeln, Nam Pla, Sesamöl und Sesamsamen dazugeben und gut durchmischen. Die Reisblätter ca. 20 Sekunden in lauwarmem Wasser einweichen, auf ein Geschirrtuch legen und vorsichtig etwas trocken tupfen. Jedes einzelne Reisblatt mit 1 Blatt Chinakohl, 2 Thai-Basilikum-Blättern, 1 Avocadospalte und dem marinierten Gemüse belegen. Die Seiten des Reisblatts einschlagen und einrollen.

2 Für die Erdnusssauce Erdnüsse, Kokosmilch, Mango, Sojasauce, Limonensaft, Zucker, Chilipaste und Minze mit dem Pürierstab mixen, bis eine feine sämige Sauce entsteht.

3 Die Pak-Choi-Blätter auf eine Platte legen und die einzelnen Sommerrollen darauf anrichten. Mit Chili, Koriandergrün und Erdnüssen bestreuen und die halben Limonen dazulegen. Die Erdnusssauce zum Dippen dazu reichen.

*In Ho-Chi-Minh-Stadt, dem ehemaligen Saigon, blicken Kapitän Morten Hansen und Küchenchef Jörg Schwab hinter die Fassade der aufstrebenden Metropole und besuchen die Gastronomie-Schule von Francis von Hoy. Nachdem der gebürtige Vietnamese 36 Jahre in München gelebt hatte, kam er zurück in seine Heimat und bietet seitdem Jugendlichen aus ärmsten Verhältnissen eine kostenlose Ausbildung nach deutschem IHK-Standard an. In der Backstube suchen der Kapitän und der Küchen-Chef das persönliche Gespräch mit den Jugendlichen. Dabei krempeln sie kurzerhand die Ärmel hoch und formen dutzende von Brezeln und Laugenzöpfen. Beide sind angetan von der disziplinierten, aber auch fröhlichen Atmosphäre. Und zum Abschied bekommen sie von den Lehrlingen noch ein landestypisches Mahl aus Suppe, Tofu und Curry serviert. Morten Hansen und Jörg Schwab genießen ihr schmackhaftes Mahl und sind sehr beeindruckt von Francis von Hoys leidenschaftlichem Engagement, das schon hunderten von Jugendlichen einen sicheren Job ermöglicht hat.*

# Hongkong Signature

## *Passionsfrucht-Granita & Schokoladen-Kokos-Chili-Soufflé*

**FÜR 4 PERSONEN**
300 ml Wasser
100 g Zucker
7 Passionsfrüchte, Fruchtfleisch ausgelöst
1 Orange, Saft ausgepresst
1 Msp. Vanillemark
4 cl Limoncello

50 g Butter
50 g Zartbitterschokolade, gehackt
2 EL Puderzucker, mehr zum Bestäuben
2 Eigelb
2 EL Rahmquark
50 g Kokosraspel, leicht geröstet
1 Msp. Chilipulver

2 Eiweiß
1 Prise Salz
3 EL Zucker

1 Für die Granita das Wasser mit dem Zucker 10 Minuten einkochen lassen. Passionsfruchtfleisch, Orangensaft, Vanillemark und Limoncello zum Läuterzucker dazugeben und nochmals 5 Minuten köcheln lassen. Die Masse in einen Metallbehälter füllen und ca.
4 Stunden im Tiefkühlfach gefrieren. Nach 1 Stunde zum ersten Mal, dann im Abstand von 30 Minuten herausnehmen und mit einer Gabel kräftig aufkratzen, sodass viele kleine Eiskristalle entstehen.

2 Für das Soufflé Butter schmelzen und vom Herd nehmen. Schokolade und Puderzucker in die geschmolzene Butter geben und rühren, bis sich die Schokolade vollständig aufgelöst hat. Die Masse vom Herd nehmen. Eigelbe, Rahmquark, Kokosraspel und Chilipulver zur Schokomasse geben und untermischen.

3 Eiweiße, Salz und Zucker steif schlagen, bis der Eischnee glänzt. Danach vorsichtig unter die Schokoladenmasse unterheben. Die Masse knapp randvoll in Soufflé-Förmchen füllen und im vorgeheizten Backofen 18 Minuten backen.

4 Die Soufflés mit Puderzucker bestäuben, Passionsfrucht-Granita in vorgekühlte Gläser füllen und beides auf Tellern servieren.

*Bei frischen sechs Grad Celsius stürzt sich das Freundestrio Cori, Moritz und Bernd ins Nachtleben von Hongkong. Ihr Ziel ist die berühmte Honi Honi Tiki Bar, die weit über die Grenzen des asiatischen Stadtstaates hinaus bekannt ist für ihre außergewöhnlichen Cocktails. Also genau der richtige Ort für eine kleine Abschiedsfeier, denn Cori und Moritz werden am nächsten Tag, nach über zwei Monaten an Bord, ihren Urlaub antreten. Eingehüllt in Winterjacken taut das Trio bei „Banana Twist", „Dong Dong" und „Kungfu Master" langsam auf und kurzerhand rufen sie ihren ehemaligen Kollegen und Freund Christian Baumann an. Dieser ist nach Jahren auf See wieder in Deutschland sesshaft geworden und freut sich riesig über den spontanen Anruf. Als er den drei Ex-Kollegen mitteilt, wie sehr auch er sie vermisst, wird Cori, Moritz und Bernd endgültig ganz warm ums Herz.*

# Gebackener Tofu

## *mit Papaya-Gemüsesalat*

**FÜR 4 PERSONEN**

250 g grüne Papaya, in feine Streifen geschnitten
200 g Frühlingszwiebel, in schräge Stifte geschnitten
200 g weißer Rettich, in feine Streifen geschnitten
200 g Karotten, in feine Streifen geschnitten
200 g Wakame-Meeresalgen
12 Zwergtomaten, halbiert
2 EL Fischsauce
2 EL Reisessig
4 EL Sojasauce
6 EL süße Pflaumensauce
1 TL Chilipfeffer

3 Eier, verschlagen
4 EL Sojasauce
2 EL Sesamöl
6 EL Maisstärke
800 g Tofu, in 2 cm kleine Würfel geschnitten

1 l Pflanzenöl

1 EL weiße Sesamsaat, geröstet
1 EL schwarze Sesamsaat, geröstet

1 Papaya, Frühlingszwiebeln, Rettich, Karotten, Wakame und Zwergtomaten vermischen. Fischsauce, Reisessig, Sojasauce, Pflaumensauce und Chilipfeffer dazugeben und gut durchmischen.

2 Eier, Sojasauce, Sesamöl und Maisstärke zusammen glattrühren und Tofu darin wälzen. Pflanzenöl auf 180 Grad erhitzen und den Tofu darin goldbraun und knusprig ausbacken.

3 Salat auf Tellern anrichten, gebackenen Tofu darauflegen und mit weißem und schwarzem Sesam bestreuen.

*"East meets West" ist das Motto von Alexander Habereders mehrfach ausgezeichnetem Restaurant in Kaohsiung. Zur großen Begeisterung der Einheimischen bietet der österreichische Auswanderer nicht nur bayerische Schmankerl, sondern auch Knödel-Klassiker seiner alpenländischen Heimat an. Weißwürste, Brez'n, eine Halbe und neben ihm auch noch seine liebe Kollegin Cori - für Bordarzt Winnie Koller ist die Welt in Ordnung. Die bayerische Spezialität aus rein taiwanesischen Zutaten hat seinen Geschmackstest bestanden und den weiß-blauen Himmel über Kaohsiung kann nichts mehr trüben.*

# Yude Azuki

## *Süße Bohnen mit grünem Apfelsorbet*

**FÜR 4 PERSONEN**
125 g Azuki-Bohnen oder rote Sojabohnen
1 ½ l kaltes Wasser
150 g Zucker
75 ml Erdnussöl
1 Pck. Vanillezucker
½ TL Vanilleessenz

4 Kugeln Apfelsorbet
einige Minzeblätter
frische Beeren

1 Die Bohnen über Nacht oder mindestens 12 Stunden in reichlich kaltem Wasser einweichen. Nach dem Einweichen in einem Sieb unter fließend kaltem Wasser abspülen. Bohnen in einen großen Topf mit dickem Boden geben und Wasser zufügen. Bei starker Hitze schnell zum Kochen bringen, die Hitze reduzieren und 1 ½ Stunden sieden lassen, bis die Bohnen sehr zart sind. Vom Herd nehmen, Bohnen mit der restlichen Flüssigkeit im Mixer pürieren. Das Püree wieder in einen Topf geben, Zucker, Öl, Vanillezucker und die Vanilleessenz unterrühren und bei niedriger Hitze unter ständigem Rühren nochmals aufkochen, bis es zu einer dicken Paste wird. Abkühlen lassen.

2 Mit einem kleinen Eisportionierer 1 kleine Kugel Bohnenmus portionieren, in eine Schale geben und mit grünem Apfelsorbet, Minze und Beeren servieren.

*Ein Grund, wieso Okinawa auch die "Insel der Hundertjährigen" genannt wird, ist wohl der tief empfundene Respekt, der älteren Menschen auf der japanischen Insel entgegengebracht wird. Ein weiterer ist sicherlich die traditionelle Küche, von der sich Kreuzfahrtdirektor Thomas Gleiß und Hotelmanager Andreas Vespermann persönlich überzeugen wollen: Arm an Salz und Kohlehydraten, reich an pflanzlichem Eiweiß, Gemüse, Algen und Fisch. Im Schneidersitz versuchen sie das Nationalgericht "Okinawa Soba" auf Stäbchen zu balancieren. Die selbstgemachten Nudeln und das gesottene Schweinefleisch werden mit allerlei kleinen Beilagen, etwa mit aus Erdnüssen gepresstem Tofu oder einem Reis mit 15 verschiedenen Kräutern serviert. Für die beiden Seemänner kulinarisches Neuland. Zum Digestiv besuchen sie eine Brennerei, die eine weltweit einzigartige Spirituose herstellt: Aus thailändischem Langkornreis, Wasser und einem speziellen Pilz, dem Aspergillus Awamori, der nur auf Okinawa wächst, wird der Awamori Schnaps gebrannt. Traditionell lagert er mehrere Jahre lang in Tongefäßen und bekommt so seinen speziellen erdigen Geschmack, den sich Thomas Gleiß und Andreas Vespermann zum Abschied auf der Zunge zergehen lassen.*

# Vareniki

## *Teigtaschen mit Kirschen und süßem Schmand*

**FÜR 4 PERSONEN**
75 ml Wasser
1 Msp. Salz
1 Ei
200 g Mehl
1 Glas Schattenmorellen
100 g Zucker
Wasser zum Kochen
1 Prise Salz

400 g Schmand, gesüßt

1 Wasser, Salz, Ei und Mehl zu einem Nudelteig verarbeiten, in Folie einwickeln und für eine ½ Stunde kalt stellen. Sauerkirschen abtropfen lassen.

2 Nudelteig mit einem Nudelholz 3 mm dick ausrollen und mit einem gezackten mittleren Ring (6 cm Durchmesser) rund ausstechen. In die Mitte der Teigkreise 3–4 Sauerkirschen und einen ½ TL Zucker geben. Eine Teigkreishälfte darüberklappen und den Rand mit einer Gabel zudrücken. In einem Topf Wasser zum Kochen bringen, salzen und Vareniki etwa 7 Minuten darin leicht köcheln lassen, herausnehmen und etwas abkühlen lassen.

3 Vareniki in tiefe Teller setzen und mit einem Klecks Schmand servieren.

*Küchen-Chef Christian Jüngling und Patisserie-Praktikantin Agnes Bolzmacher werden in Wladiwostok von Familie Petrovich in die Geheimnisse der russischen Pelmeni - kleine, gefüllte Teigtaschen - eingeweiht. Unter dem neugierigen Blick des Küchen-Chefs bereitet die Mutter der 7-köpfigen Familie den Teig zu: Ähnlich einem Nudelteig, wie der Fachmann bemerkt, nur zusätzlich mit etwas Milch und Sprudelwasser versehen. Als es darum geht, mit Fingerspitzengefühl aus dem fertigen Teig kleine Taschen zu formen und mit kräftig gewürztem Hackfleisch zu füllen, helfen alle mit. Die fertigen Teigtaschen bekommen ein kurzes Bad im sprudelnd heißen Wasser, bevor sie noch dampfend von den deutschen Gästen und ihrer russischen Gastfamilie verspeist werden. Völkerverständigung kann manchmal so einfach sein, in diesem Fall auch noch besonders schmackhaft!*

# Pancit Bihon

## *Würzige Nudeln mit Hühnchen und Gemüse*

**FÜR 4 PERSONEN**

4 Hühnchenbrüste, in ca. 1 cm kleine Würfel geschnitten
1 Zwiebel, fein gewürfelt
2 Knoblauchzehen, gepresst
4 EL Pflanzenöl
8 EL Sojasauce
750 ml Hühnerbrühe
3 Karotten, blättrig geschnitten
3 Pak Choi, blättrig geschnitten
500 g Eiernudeln
1 EL Sambal Oelek

4 Eier, verschlagen
1 Bund Koriandergrün, gehackt
Salz
2 EL Sesamöl

1 Frühlingszwiebel, in feine Ringe geschnitten
100 g Erdnüsse, geröstet
2 EL weiße Sesamsaat, geröstet

1 Hühnchenbrustwürfel, Zwiebel und Knoblauch in Pflanzenöl anbraten, mit Sojasauce ablöschen und mit der Hühnerbrühe auffüllen. Karotten, Pak Choi, Eiernudeln und Sambal Oelek dazugeben und köcheln, bis die Nudeln die Flüssigkeit aufgenommen haben.

2 Eier und Koriandergrün vermischen und mit Salz würzen. Sesamöl erhitzen und aus der Eiermasse ein Omelett braten. Omelett auskühlen lassen, zusammenrollen und in dünne Streifen schneiden.

3 Die Hühnchen-Nudeln in vorgewärmte Schalen geben, die Eierstreifen daraufgeben und mit Frühlingszwiebel, Erdnüssen und Sesam bestreuen.

*In Puerto Princesa, auf der Insel Palawan, suchen die Kollegen Bernd und Christian in ihrer knappen Mittagspause nach typisch philippinischem Essen. Auf dem Mercado de San Miguel mutet aber selbst für die beiden weitgereisten Freunde ein Großteil des kulinarischen Angebots doch zu exotisch an, wie etwa ganze Hühnerfüße oder angebrütete Eier. Christian aber ist mutig und probiert sich durch einen in Bananenblätter eingewickelten Snack, der gefüllt ist mit etwas, das ihn an Gries erinnert. Ihm schmeckt es, Bernd hingegen überhaupt nicht. Er wird erst glücklich mit einem Reisküchlein am Spieß, das seine Vorliebe für die Kombination aus süß und salzig ziemlich gut trifft. Die Neugier der beiden wird also durchaus belohnt, auch wenn sie nicht wirklich wissen, was sie da überhaupt gegessen haben…*

# Babi Kecap

## *Schweinefilet in Sojasauce mit Turmeric-Reis*

**FÜR 4 PERSONEN**

800 g Schweinefilet, in 1 cm dicke Scheiben geschnitten
2 Zwiebel, halbiert und fein geschnitten
2 Knoblauchzehen, gepresst
1 EL Ingwer, geschält und geraspelt
4 EL Sojasauce
1 TL Sambal Terasi (Chilipaste)
1 EL brauner Zucker
4 EL Pflanzenöl
4 Cocktail-Paprikaschoten, in feine Streifen geschnitten
200 g Zuckerschoten
6 EL Ketjap Manis (süße Sojasauce)
150 ml Gemüsebrühe

400 g Basmatireis
800 ml Wasser
1 EL Salz
1 EL Butter
1 TL Turmeric (Gelbwurzpulver)

1 Frühlingszwiebel, in Ringe geschnitten
1 Chilischote, entkernt und in Ringe geschnitten

1 Schweinefilet, Zwiebeln, Knoblauch, Ingwer, Sojasauce, Sambal Terasi und Zucker in eine Schüssel geben, gut durchmischen und mindestens 1 Stunde im Kühlschrank marinieren lassen. Pflanzenöl erhitzen und das marinierte Schweinefilet darin anbraten. Paprikastreifen und Zuckerschoten dazugeben, kurz durchschwenken und mit Ketjap Manis ablöschen. Gemüsebrühe dazugießen und leicht köcheln lassen, bis die Sauce etwas eingedickt ist.

2 Den Reis in ein Sieb geben und unter kaltem Wasser gut waschen. In kaltes, leicht gesalzenes Wasser geben, einmal aufkochen und dann ca. 20 Minuten zugedeckt köcheln lassen. Den Topf vom Herd nehmen und den gekochten Reis darin einige Minuten ausdampfen lassen. Vor dem Servieren Butter und Turmeric untermischen.

3 Schweinefilet auf vorgewärmten Tellern anrichten, mit Gemüse belegen und mit Sauce übergießen. Vor dem Servieren mit Frühlingszwiebel- und Chilischotenringen bestreuen. Turmeric-Reis in Schälchen servieren.

*Wie auf einem Abenteuerspielplatz fühlt sich Küchen-Chef Christian Jüngling, als er mit einem langstieligen Fangkorb aus Bambus frische Mandeln vom Baum pflückt. Umgeben von Gewürzbäumen und Mandelbäumen findet sich der Koch auf der winzig kleinen Insel Banda Besar in der indonesischen Banda-See wieder. Die Einheimischen trocknen die üppige Ernte an Muskatnüssen, Zimt und Nelken in der Sonne und behaupten voller Stolz, dass die Gewürze nirgendwo so aromatisch schmecken wie bei ihnen. Jahrhundertelang war die Muskatnuss ein begehrtes Handelsgut für das astronomische Preise bezahlt wurden. Im 16. Jahrhundert entbrannte dann mit den "Gewürzkriegen" um das Muskat-Monopol eines der dunkelsten Kapitel der Kolonialgeschichte. Von dieser düsteren Vergangenheit spürt Christian Jüngling jedoch nichts mehr - am liebsten würde er den ganzen Tag in dem Paradiesgarten bleiben und kochen.*

# Yao Chottin

## *Garnelencurry*

**FÜR 4 PERSONEN**

1 Zwiebel, in feine Streifen geschnitten
2 Knoblauchzehen, in feine Scheiben geschnitten
4 EL Pflanzenöl
1 EL Turmeric (Gelbwurzpulver)
1 TL Madras-Currypulver
250 ml Gemüsebrühe
12 küchenfertige Garnelen Größe 6-8
20 Zwergtomaten, halbiert
250 g Auberginen, in 1 cm kleine Würfel geschnitten
1 Chilischote, in feine Ringe geschnitten
4 EL Fischsauce
Meersalz
schwarzer Pfeffer, geschrotet

Koriandergrün, grob geschnitten

1 Zwiebel und Knoblauch in Pflanzenöl glasig anbraten. Turmeric und Currypulver dazugeben, kurz durchrühren und mit der Gemüsebrühe ablöschen. Garnelen, Zwergtomaten, Auberginen und Chili dazugeben und leicht köcheln lassen, bis die Garnelen gar sind. Mit Fischsauce, Meersalz und Pfeffer würzen.

2 In vorgewärmten Schalen anrichten und mit Koriander bestreuen. Am besten schmecken dazu gekochter Reis und Naan-Brot.

*Bei ihrem ersten Besuch in Myanmar unternehmen die Patisserie-Chefin Roberta und der nautische Offizier Christian eine private Tour ins Hinterland und sind zum Mittagessen bei einer burmesischen Familie eingeladen. Ihr Tourguide Jochen, ein Auswanderer aus Österreich, ist mit der Familie befreundet und hat das Treffen arrangiert. In der kleinen, bescheidenen Hütte wird neben verschiedenen kalten Vorspeisen wie Mango und Fischpaste auch ein für die Region typisches Fischcurry gekocht. Als „Küche" dient nur ein einfacher Gaskocher, doch das Ergebnis begeistert vor allem Roberta über alle Maßen. Die weitgereiste Patisserie-Chefin schwärmt von dem durchaus scharfen Fischgericht, nennt es „erste Sahne!" und scherzt sogar, dass die Köchin sofort auf dem Fischposten in der Bordküche anfangen könnte.*

# Linsen-Dal

## *Indischer Linseneintopf mit Naan-Brot*

**FÜR 4 PERSONEN**
250 g rote Linsen
1 Zwiebel, fein geschnitten
2 Knoblauchzehen, gepresst
1 EL Ingwer, fein gerieben
4 EL Pflanzenöl
3 TL Chana Dal Masala (Gewürzmischung)
100 ml Gemüsebrühe
500 g passierte Tomaten
Salz
schwarzer Pfeffer

300 ml Milch
5 EL Zucker
4 TL Trockenhefe
1 kg Mehl
Salz
2 TL Backpulver
2 Vollei
4 EL Pflanzenöl

200 g Joghurt
4 EL Koriandergrün, grob geschnitten
½ TL Chiliflocken
2 TL Limonensaft

1 Linsen in ein Sieb geben, mit kaltem Wasser abspülen und anschließend kochen, bis die Linsen leicht bissfest sind. Zwiebel, Knoblauch und Ingwer in Pflanzenöl glasig anschwitzen. Chana Dal Masala dazugeben, kurz unterrühren und mit der Gemüsebrühe ablöschen. Passierte Tomaten dazugeben und leicht köcheln, bis die Linsen weich sind. Mit Salz und frisch gemahlenem Pfeffer würzen.

2 Für die Naan-Brote Milch, ½ EL Zucker und Hefe zusammenrühren und bei Zimmertemperatur ruhen lassen, bis sich die Hefe aufgelöst hat. Mehl, Salz, Backpulver mit dem restlichen Zucker in eine große Schüssel geben. Hefeansatz, Vollei und Pflanzenöl dazugeben und alles ca. 10 Minuten zu einem geschmeidigen und glatten Teig kneten. Den Teig zugedeckt bei Zimmertemperatur ca. 1 Stunde ruhen lassen, bis sich die Menge verdoppelt hat. Den Teig nochmals durchkneten, golfballgroße Kugeln formen, abdecken und erneut ca. 10 Minuten ruhen lassen. Die Kugeln mit Mehl bestäuben und dünn ausrollen. In einer heißen Teflonpfanne ohne Zugabe von Öl auf beiden Seiten knusprig backen.

3 Joghurt, Koriander, Chili und Limonensaft zusammen glatt rühren.

4 Linsen-Dal in vorgewärmten tiefen Tellern anrichten und zusammen mit Naan-Brot und dem Joghurtdip servieren.

*Nachdem die beiden Globetrotter Jörn und Rainer den Wochenmarkt von Trivandrum besucht haben, lädt sie ihr Guide Jacoman zu sich nach Hause zum Essen ein. Dort dürfen sie seine Frau Devika bei der Zubereitung eines typisch südindischen Mahls unterstützen. Jörn und Rainer mahlen Kardamom, den Devika zusammen mit Früchten, Nüssen und süßen, gemahlenen Reisnudeln in Milch zu einem Pudding aufkocht. Als Hauptgang serviert sie auf Bananenblättern ein Curry, das Jörn und Rainer vor eine Herausforderung stellt. Sie sollen auf Messer und Gabel verzichten und das Essen mit den Fingerspitzen der rechten Hand zum Mund führen. Obwohl das bei den beiden längst nicht so elegant aussieht wie bei ihren indischen Gastgebern, ist das köstliche Curry die Mühe allemal wert!*

# Watalappan

## *Kokospudding mit Kardamom*

**FÜR 4 PERSONEN**
4 Eier
1 Msp. Vanillemark
1 Prise Salz
1 Prise Zimt, gemahlen
1 Prise Kardamom, gemahlen
90 g Palmzucker, 1 EL extra
250 g Kokosmilch, cremig
1 TL Pflanzenöl
20 ungesalzene Cashewkerne, gehackt und geröstet

1 Den Backofen auf 150 Grad Ober-/Unterhitze vorheizen. Eier mit den Gewürzen verquirlen. Palmzucker und Kokosmilch dazugeben und gut unterrühren. Soufflé-Förmchen mit Öl bestreichen und mit dem extra Palmzucker bestreuen. Die Masse gleichmäßig in die Förmchen füllen, die Förmchen in eine Auflaufform stellen. Diese so hoch mit Wasser auffüllen, dass die Förmchen zu einem Drittel im Wasser stehen. Auflaufform in den Ofen stellen und ca. 50 Minuten backen.

2 Kokospudding mit gerösteten Cashewkernen garnieren und lauwarm genießen.

*Auf der Suche nach Inspiration besucht Patisserie-Chefin Roberta zusammen mit ihrer Praktikantin Philou im noch recht ursprünglichen Hambantota eine kleine Dodol-Manufaktur. Das für Sri Lanka typische Karamell-Konfekt wird hier ganz traditionell, wie schon vor 2.000 Jahren, hergestellt. Die Hauptzutaten sind Kokosmilch, Palmzucker, Reismehl und Cashew Nüsse. Roberta ist erstaunt über die kräftezehrende Zubereitung, denn die köchelnde Flüssigkeit muss drei Stunden ohne Unterlass gerührt werden, bis die Zuckermasse endlich zäh ist. Optisch erinnert Roberta das fertige Dodol an ihre Brownies an Bord, geschmacklich eher an türkischen Honig. Und natürlich denkt sie sofort darüber nach, ob Dodol auch den Passagieren der Grand Lady schmecken würde...*

Port Moresby
Cairns
Sydney
Australien

# Mumu

## *Schmortopf mit Ente, Gemüse & Früchten*

**FÜR 4 PERSONEN**

500 g Weißkohl, in 1 cm kleine Würfel geschnitten
8 Schalotten, halbiert
1 Süßkartoffel, geschält und in 1 cm kleine Würfel geschnitten
1 Knollensellerie, geschält und in 1 cm kleine Würfel geschnitten
3 Tomaten, geviertelt
2 Bananen, geschält und in 1 cm dicke Scheiben geschnitten
4 Entenkeulen, halbiert
Meersalz
Chilipfeffer

1 Ananas, in 1 cm kleine Würfel geschnitten
500 ml Kokosmilch
50 ml Kokosöl
1 EL grüne Pfefferkörner
3 EL Palmzucker
4 EL Limonensaft

2 Minzzweige, Blätter grob geschnitten
100 g Cashewnusskerne, geröstet und grob gehackt

1 Weißkohl, Schalotten, Süßkartoffeln, Knollensellerie, Tomaten und Bananen schichtweise in einen Bräter legen. Entenkeulen darauflegen, mit Meersalz und Chilipfeffer würzen und die Ananaswürfel daraufgeben.

2 Kokosmilch, Kokosnussöl, grüne Pfefferkörner, Palmzucker und Limonensaft verrühren und über die Ananas gießen.

3 Im vorgeheizten Backofen bei 180 Grad Umluft ca. 90 Minuten zugedeckt schmoren.

4 Auf vorgewärmten Tellern anrichten und mit Minze und Cashewnüssen bestreuen.

*In einem kleinen Hüttendorf, etwa eine Autostunde entfernt von Port Moresby, wollen die beiden Reiseleiter Moritz und Askan lernen, wie man Unterwasserfische fängt. Am Strand bekommen sie von den einheimischen Fischern gezeigt, wie sie mit den selbstgebauten Harpunen hantieren sollen und üben schon mal fleißig. Im Auslegerboot geht's dann paddelnd hinaus aufs Meer zu einem vorgelagerten Korallenriff. Moritz und Askan tauchen mit ihren Harpunen ins Wasser ab, doch aufgrund von Hochwasser sind nur wenige Fische unterwegs, was die Jagd ungemein erschwert. Es braucht mehrere Versuche, bis sie wenigstens einen kleinen Papageien-Fisch fangen. Umso größer ist Moritz und Askans Respekt vor der Geschicklichkeit ihrer Gastgeber. Diese waren nämlich viel erfolgreicher und teilen ihren üppigen Tagesfang mit den beiden: Ganz traditionell wird der Fisch über Kokosnussschalen geräuchert und mit frischem Kokosfleisch als Beilage serviert. Für Moritz und Askan ein kulinarisches, ja fast schon paradiesisches Erlebnis.*

# Outback Bomb

## *Hackbraten im Speckmantel mit Tomaten und Kartoffeln*

**FÜR 4 PERSONEN**
600 g Rinderhack
400 g Schweinehack
200 g Cheddarkäse, in 1 cm kleine Würfel geschnitten
4 Eier
4 EL Senf
100 g Petersilie, Blätter grob geschnitten
2 cl Worcestersauce
2 TL Knoblauchpulver
1 TL Chilipulver
Salz
schwarzer Pfeffer

30 Bauchspeckscheiben
200 ml Barbecuesauce

20 Zwergtomaten
2 Rosmarinzweige, Nadeln klein geschnitten
4 Thymianzweige, Blättchen abgezupft
60 ml Olivenöl
Meersalz
Zitronenpfeffer

20 ml Olivenöl
16 kleine Kartoffeln mit Schale, halbiert
Meersalz
schwarzer Pfeffer, geschrotet

1 Rinderhack, Schweinehack, Cheddarkäse, Eier, Senf, Petersilie, Worcestersauce, Knoblauchpulver und Chilipulver gut durchmischen. Mit Salz und frisch gemahlenem Pfeffer würzen und nochmals gut vermengen.

2 Ein großes Stück Frischhaltefolie ausbreiten und aus den Speckstreifen ein Netz darauf legen. Aus der Hackmasse einen Laib formen, auf das Specknetz legen und einrollen. Die Folie entfernen und den Speck gut mit Barbecuesauce bestreichen.

3 Zwergtomaten mit einer Gabel zerdrücken. Rosmarin, Thymian und Olivenöl dazugeben, gut durchmischen und mit Meersalz und Zitronenpfeffer würzen.

4 Olivenöl zu den Kartoffeln geben und mit Meersalz und geschrotetem Pfeffer würzen.

5 Hackbraten auf ein Blech legen und im vorgeheizten Backofen bei 180 Grad Umluft ca. 50 Minuten backen. Nach ca. 30 Minuten die Tomaten und Kartoffeln dazugeben und mitgaren. Aus dem Backofen nehmen und direkt vom Blech servieren.

*Für ihren Landgang in Cairns haben die Praktikanten Cendrine, Laura und Mathias ein Barbecue geplant und kaufen dafür auf „Rusty's Bauernmarkt" ein. Die Auswahl an frischem Gemüse ist hier so groß, dass ihnen eine Entscheidung gar nicht so leicht fällt. Bei der Wahl des Fleisches herrscht hingegen sofort Einigkeit: Sie wollen Känguru-Steaks auf dem Grill! Cendrine lebt in Australien und hat daher schön öfter Kängurufleisch gegessen, für Laura und Matthias ist es aber etwas völlig Neues, auf das die beiden richtig gespannt sind. An der Uferpromenade von Cairns breiten sie an einem Grillplatz ihr Lager aus und legen sofort los. Später beim Essen sind die Meinungen über die Steaks geteilt. Laura findet es ganz ok und Matthias mag es sehr, obwohl es ihn an Rinderfilet erinnert. Insgesamt ist es genau das typisch australische Barbecue, dass sich alle drei gewünscht hatten.*

# Australia Day Ice Cream Cake

**FÜR 4 PERSONEN**
2 Eier
100 g Zucker
1 Pck. Vanillezucker
60 ml Öl, mehr für das Blech
60 ml Milch
190 g Mehl
1 Msp. Backpulver

100 ml Milch
50 g Butter
2 EL Puderzucker
1 Pck. Vanillezucker
1 EL Kakao
100 g Zartbitterschokolade, fein gehackt
200 g Kokosraspeln

200 g Schokoladeneis
200 g Erdbeereis
125 g Kuchenglasur
100 g M&Ms

1 Eier, Zucker und Vanillezucker schaumig schlagen und langsam Öl sowie Milch unter die aufgeschlagene Eiermasse rühren. Mehl und Backpulver unterrühren und den Teig auf ein geöltes Backblech streichen. Im vorgeheizten Backofen bei 180 Grad Umluft ca. 15–18 Minuten backen, anschließend den Kuchen abkühlen lassen und in kleine Würfel schneiden.

2 Milch, Butter, Puderzucker, Vanillezucker und Kakao einmal aufkochen, dann vom Herd nehmen. Zartbitterschokolade dazugeben und so lange rühren, bis sich die Schokolade vollständig aufgelöst hat. Kuchenstücke in die Schokoladensauce tunken, in den Kokosraspeln wälzen und mindestens 1 Stunde kaltstellen.

3 Getunkte Kuchenstücke halbieren, die Hälfte in einen mit Frischhaltefolie ausgelegten Tortenring setzen. Schokoladeneis in Scheiben schneiden, auf den Kuchen legen, leicht andrücken und ca. 15 Minuten ins Gefrierfach stellen. Den gleichen Vorgang mit Erdbeereis wiederholen, den Kuchen mit Frischhaltefolie abdecken und über Nacht in den Gefrierschrank stellen.

4 Torte aus dem Ring nehmen, die Frischhaltefolie abziehen und mit der Kuchenglasur übergießen. M&Ms darauf verteilen und sofort wieder in den Gefrierschrank stellen. Schön kühl genießen.

*Florale Formen stehen für Patisserie-Praktikantin Agnes und Schiffskollegin Cori auf dem Lehrplan, als sie sich in einem Workshop bei Kuchenkünstlerin Dewi im Verzieren von Cupcakes versuchen. Während Agnes nahezu auf Anhieb mit Spritzbeutel und Buttercreme ihr Törtchen zum Aufblühen bringt, stößt Cori schnell an die Grenzen ihrer Geschicklichkeit. Sie beruft sich darauf, dass eben jede Blüte ihr eigenes Gesicht habe. Im nächsten Schritt formt Dewi aus Fondant eine weiße Rose, die fast echt aussieht. Agnes zieht begeistert nach, während Cori statt mit Fingerfertigkeit lieber mit deutschem Dialekt punktet und Dewi das Wort „Ausstecherle" nachsprechen lässt. Am Schluss schweben aber alle drei auf der gleichen Wolke, als sie ihre süßen Törtchen mit essbarem Glitzer bestäuben.*

Neiafu
Bora Bora
Rangiroa
Huhaine
Papeete
Moorea
Südsee

TAPU IFI
TAPAKA

# Sweet & Sour Tongan Fish

## *mit gebackener Ananas und Reis*

**FÜR 4 PERSONEN**

8 Schalotten, in Streifen geschnitten
3 Paprikaschoten, geputzt und in Streifen geschnitten
4 EL Kokosöl
1 EL Palmzucker
3 EL Fischsauce
4 EL Sojasauce
200 ml Ananassaft
40 ml Essig
1 EL Maisstärke
2 EL Wasser
120 g Blattspinat

4 Barschfilets ohne Haut à 200 g
Salz
Zitronenpfeffer
4 EL Pflanzenöl

400 g Basmatireis
800 ml Wasser
1 EL Salz
2 EL Kokosöl
1 TL Chilipfeffer

1 Ananas
4 EL Honig
2 EL Sesamöl
2 EL schwarze Sesamsaat

4 EL Koriandergrün, grob geschnitten

1 Schalotten- und Paprikastreifen in Kokosöl anbraten. Palmzucker dazugeben, kurz durchrühren und mit Fisch- sowie Sojasauce ablöschen. Ananassaft und Essig dazugeben und aufkochen lassen. Maisstärke mit Wasser glatt rühren und die Sauce leicht eindicken. Blattspinat zufügen und kurz unterrühren.

2 Barschfilets mit Salz und Zitronenpfeffer würzen und in Pflanzenöl leicht glasig braten.

3 Reis gut waschen, in kaltem Salzwasser auf den Herd stellen, einmal aufkochen und ca. 20 Minuten zugedeckt köcheln lassen. Vor dem Servieren Kokosöl und Chilipfeffer dazugeben und durchmischen.

4 Ananas schälen, in Viertel schneiden und den Strunk entfernen. Ananas in ca. 1 cm dünne Scheiben schneiden und auf ein Backblech setzen. Honig und Sesamöl verrühren, die Ananas damit bestreichen und mit Sesam bestreuen. Im vorgeheizten Backofen bei 180 Grad ca. 15 Minuten backen.

5 Gemüse auf vorgewärmten Tellern anrichten, Fischfilet darauflegen, Ananas daraufgeben und mit Koriander bestreuen. Reis in Schälchen dazu servieren.

*Vor über 20 Jahren kam der Schweizer Koch Gunter Schnell ins Südsee-Paradies Tonga. Er verliebte sich, heiratete und eröffnete sein eigenes kleines Restaurant „Dancing Rooster", das vor allem für seine fangfrischen Hummer bekannt ist. Auf die haben es auch die Praktikanten Steffi, Laura und Tom abgesehen! Gunter nimmt Jungköchin Steffi mit in die Küche, wo sie ihm beim Zubereiten der Krustentiere helfen darf. Mit Hammer und Messer zerteilt sie dort die harte Schale des Hummers. Als Steffi ihren Kollegen den fertigen Hummer serviert, sind sie skeptisch, denn es ist für beide eine Premiere. Tom erinnert der Geschmack an Gegrilltes zuhause und Laura würde lieber einen Burger essen. Steffis Mühen waren aber nicht umsonst, denn ihr selbst schmeckt der Hummer super!*

# Paradise Lobster Toast

## *mit Hummer-Mango-Salat und gebackenem Ei*

**FÜR 4 PERSONEN**

150 g Mayonnaise
100 g Crème fraîche
60 ml Kokosmilch
4 EL Orangensaft
1 TL Cajun-Gewürz
2 EL grob gehacktes Koriandergrün
500 g Hummerfleisch, gekocht und in kleine Würfel geschnitten
2 Mangos, in kleine Würfel geschnitten
1 rote Zwiebel, fein gewürfelt
Salz
schwarzer Pfeffer, geschrotet

125 g Rucola
5 g Thai-Basilikum
5 g Minze
4 EL Olivenöl
2 EL Limonensaft
Salz
schwarzer Pfeffer, geschrotet

8 runde Toastscheiben, ca. 8 cm Durchmesser
2 EL Butter

2 EL Chilischote, in feine Ringe geschnitten
Koriandergrün

1 Mayonnaise, Crème fraîche, Kokosmilch, Orangensaft, Cajun-Gewürz und Koriandergrün zusammen glatt rühren. Hummerfleisch, Mango und rote Zwiebeln dazugeben und mit Salz und Pfeffer würzen.

2 Rucola, Thai-Basilikum und Minze mit Olivenöl und Limonensaft marinieren und mit Salz und Pfeffer würzen.

3 Toastscheiben in Butter goldbraun anbraten und mit Hummersalat bestreichen, aufeinandersetzen und mit dem marinierten Salat belegen. Mit Chiliringen und Koriandergrün bestreuen.

*Kapitän Morten Hansen bringt seine Passagiere zu den Traumzielen der Welt. Kaum vorstellbar, dass er viele dieser Orte selbst noch nie betreten hat. Auf der Südseeinsel Bora Bora begeistert ihn sein Freund und Kollege Thomas Gleiß für einen Besuch der legendären „Bloody Mary's Bar". 1979 von einem polnischen Adligen gegründet, etablierte sich die Bar schnell zu einem Hotspot des internationalen Jet Set. Julio Iglesias, Ron Wood und Pierce Brosnan waren schon hier und jetzt stecken die beiden Kreuzfahrer ihre Füße in den Sandboden. Thomas Gleiß bestellt ganz klassisch eine „Bloody Mary", der Kapitän eine alkoholfreie „Virgin Mary". Tomaten- und Zitronensaft, Pfeffer, Salz, Tabasco und Wodka sind die Hauptzutaten des Drinks, den der Norweger „jungfräulich" genießt. Dazu essen sie einen Mahi Mahi Burger, zubereitet aus frischem Fisch direkt aus dem Pazifik vor ihnen. „Vertraut wie ein altes Ehepaar" beschreibt Morten Hansen ihre langjährige Freundschaft und genießt die Mußestunde an diesem besonderen Fleckchen Erde.*

# Tahiti mon Amour

## *Gegrillter Thunfisch mit Vanillesauce*

**FÜR 4 PERSONEN**

100 ml brauner Rum
1 Vanilleschote
200 ml Hühnerbrühe
100 ml Kokosmilch
200 g Sahne
50 g Butterflocken
Salz
weißer Pfeffer

400 g Basmatireis
800 ml Wasser
Salz

2 Pak Choi, blättrig geschnitten
1 Frühlingszwiebel, in 2 cm lange Stifte geschnitten
2 EL Olivenöl
2 EL Honig
4 EL Sojasauce

4 Thunfischsteaks à 200 g
Meersalz
Zitronenpfeffer
2 EL Olivenöl
1 Limone

4 Korianderzweige
1 Chilischote, in feine Ringe geschnitten

1 Braunen Rum und aus der Schote gekratztes Vanillemark zusammen aufkochen. Hühnerbrühe, Kokosmilch und Sahne dazugeben und ca. 15 Minuten leicht köcheln. Butterflocken einrühren und mit Salz sowie frisch gemahlenem Pfeffer würzen.

2 Reis in ein Sieb geben, unter kaltem Wasser gut waschen und in leicht gesalzenem Wasser zum Kochen bringen. Einmal aufkochen und dann ca. 20 Minuten zugedeckt leicht köcheln.

3 Pak Choi und Frühlingszwiebel in Olivenöl scharf anbraten. Honig und Sojasauce dazugeben, kurz aufkochen und durchschwenken.

4 Thunfischsteaks mit Meersalz und Zitronenpfeffer würzen, mit Olivenöl bepinseln und in einer Grillpfanne auf beiden Seiten ca. 2 Minuten grillen, mit ausgepresstem Limonensaft beträufeln. Mit Korianderblättern und Chiliringen garnieren.

*Die besondere Gastfreundschaft der Polynesier erfahren Reiseleiter Bernd und seine Kollegin Anja, als ihr einheimischer Gastgeber Heiarii sie mit Blumenketten empfängt und zu sich nach Hause zum Essen einlädt. Einen Steinwurf vom Strand entfernt lebt er zusammen mit seiner Frau Melanie in einem typisch polynesischen, gemütlich eingerichteten Holzhaus - mit Fenstern ohne Glas, denn die ganzjährig tropischen Temperaturen erfordern keine geschlossenen Wände. Beim Zubereiten der Speisen lassen sich Anja und Bernd auf den tiefenentspannten Lebensrhythmus ein: Das Raspeln einer frischen Kokosnuss erfordert zwar einiges Geschick, aber im Paradies herrscht keine Eile. Mit Blick auf das türkisblaue Wasser genießen sie „Poisson Cru", in Limettensaft marinierten rohen Fisch in einem Rohkost-Salat mit einer Sauce aus Kokosnussmilch. Das einfache Leben kann so gut sein!*

# Salade De Mer Paradis

## *Paradiesischer Fisch & Meeresfrüchte-Salat*

**FÜR 4 PERSONEN**

4 Schalotten, in feine Ringe geschnitten
12 Zwergtomaten, geviertelt
200 g Papaya, in ca. 0,5 cm kleine Würfel geschnitten
200 g Avocado, in ca. 0,5 cm kleine Würfel geschnitten
2 Chilischoten, in feine Ringe geschnitten
8 EL kalt gepresstes Olivenöl
4 EL Orangensaft
8 EL Limonensaft
Meersalz
schwarzer Pfeffer, geschrotet

300 g Thunfisch, roh und in ca. 1 cm kleine Würfel geschnitten
300 g Lachsfilet, roh und in ca. 1 cm kleine Würfel geschnitten
12 Cocktailgarnelen, geschält und gekocht
12 Grünschalenmuscheln

8 EL Mayonnaise
4 EL Kokosmilch
2 EL Sojasauce
2 EL Sesamöl
1 EL Zitronenpfeffer

4 EL Cashewnusskerne, gesalzen und grob gehackt
4 EL Macadamianüsse, gesalzen und grob gehackt
4 Korianderzweige

1 Schalotten, Zwergtomaten, Papaya, Avocado, Chili, Olivenöl, Orangen- und Limonensaft vorsichtig durchmischen und mit Meersalz und Pfeffer würzen.

2 Thunfisch, Lachs, Garnelen und Grünschalenmuscheln dazugeben, vorsichtig vermengen und das Ganze im Kühlschrank ca. 30 Minuten ziehen lassen.

3 Mayonnaise, Kokosmilch, Sojasauce, Sesamöl und Zitronenpfeffer glatt rühren.

4 Fisch & Meeresfrüchte-Salat anrichten, mit der Sauce beträufeln, mit den Nüssen bestreuen und mit je 1 Korianderzweig garnieren.

*Bei ihrem Besuch auf Moorea begleiten die Passagiere Angie und Peter ihren einheimischen Guide Sam nach Haapiti, einem kleinen Dorf an der Westküste. Der traditionell am ganzen Körper tätowierte Sam zeigt den beiden Münchnern stolz seine kleine Farm. Hier hält er Gänse, Enten und Hühner und baut selbst Gemüse, Kräuter und Obst an. Sam lädt seine Besucher zu einem landestypischen Essen ein. Dafür demonstriert er, wie man eine Kokosnuss mit kleiner Spitzhacke und vollem Körpereinsatz aus der Schale befreit und aus dem Fruchtfleisch frische Kokosmilch gewinnt. Die presst er direkt über Gurken mit rohem Frisch aus. Dazu reicht er Brotfrucht aus dem eigenen Garten und fertig ist das Mittagsmahl. Gegessen wird mit den Händen, was vor allem Angie gut gefällt, weil sie so spüren kann, wie warm oder gar heiß das Essen ist. Und obwohl sie und Peter schon viel von der Welt gesehen haben, sind beide - nicht nur vom Essen - total begeistert und lassen sich gerne von der Ruhe und Gelassenheit, die Sam ausstrahlt, ein wenig anstecken.*

# Huli-Huli-Rippchen

## *mit Cole-Slaw-Salat und Salt & Vinegar-Chips*

**FÜR 4 PERSONEN**
100 g brauner Zucker
2 EL Sojasauce
2 EL Sesamöl
2 EL trockener Sherry
2 EL Barbecuesauce
1 EL Ingwer, fein gerieben
1 Knoblauchzehe, gepresst

2 kg lange Schweinerippchen im Ganzen
30 g Jerk (kreolische Gewürzmischung)

350 g Weißkohl, in feine Streifen geschnitten
350 g Rotkohl, in feine Streifen geschnitten
200 g Karotten, grob geraspelt
4 EL Mayonnaise
8 EL Sauerrahm
60 ml Ananassaft
1 EL Essig
Salz
Zitronenpfeffer

240 g Salt & Vinegar-Kartoffelchips

1 Braunen Zucker, Sojasauce, Sesamöl, Sherry, Barbecuesauce, Ingwer und Knoblauch gut verrühren, einmal aufkochen und anschließend auskühlen lassen.

2 Schweinerippchen gut mit der Jerk-Gewürzmischung einreiben, im vorgeheizten Backofen bei 160 Grad Umluft ca. 90 Minuten braten. Rippchen in Stücke schneiden, mit der abgekühlten Sauce dick bepinseln und bei 250 Grad Umluft nochmals für ca. 10 Minuten in den Backofen geben.

3 Weißkohl, Rotkohl, Karotten, Mayonnaise, Sauerrahm, Ananassaft und Essig gut durchmischen und mit Salz und Pfeffer würzen.

4 Rippchen zusammen mit dem Cole-Slaw-Salat und den Kartoffelchips anrichten.

*Wer aus Leidenschaft kocht, begeistert sich für frische, hochwertige Lebensmittel. Für Küchen-Chef Fritz Pichler ist der Ausflug in die Fischfabrik „Vini Vini" in Papeete daher ein echtes Highlight. Zumal mit Andreas Ertl ein Landsmann den Laden führt, der ihm die Ware mit oberösterreichischem Dialekt präsentiert. Die Fische sind fangfrisch, wie Fritz Pichler am rot glänzenden Fleisch und dem Schimmer auf der Haut sofort erkennt. Und sie wurden mit der Angelschnur aus dem Wasser gezogen. Eine schonende, die Bestände schützende Technik, die in Tahiti noch weit verbreitet ist. Fritz Pichler kauft großzügig ein. Insgesamt 600 kg vom Mondfisch, Gelbflossenthunfisch, Blauem Marlin, Goldmakrele und Kingfish. Noch vor Ort lässt er die Fische filetieren, die bereits am nächsten Abend das Glanzstück eines maritimen Südsee-Buffets an Bord sein werden.*

# Grüne Papaya & Hühnchen-Salat

**FÜR 4 PERSONEN**
40 ml Kokosmilch
2 Knoblauchzehen, gepresst
1 TL Chilipaste
1 TL Ingwerpaste
1 TL Shrimpspaste
2 TL Palmzucker
6 EL Fischsauce
100 g Erdnusskerne, grob gehackt
6 EL Limonensaft

500 g grüne Papaya, in feine Streifen geschnitten
100 g Frühlingszwiebel, in feine Ringe geschnitten
100 g grüne Bohnen, weich gekocht
100 g Zwergtomaten, geviertelt

1 EL Meersalz
1 TL Zitronenpfeffer
1 TL edelsüßes Paprikapulver
4 Hühnerbrüste ohne Haut
2 EL Pflanzenöl

4 TL Sesamöl
4 EL Koriandergrün, grob geschnitten

1 Kokosmilch, Knoblauch, Chili-, Ingwer- und Shrimpspaste, Palmzucker, Fischsauce, Erdnüsse und Limonensaft verrühren und ca. 30 Minuten im Kühlschrank ziehen lassen.

2 Papaya, Frühlingszwiebel, Bohnen und Zwergtomaten vermengen, die Marinade dazugeben, gut durchmischen und bei Zimmertemperatur ca. 30 Minuten marinieren.

3 Meersalz, Zitronenpfeffer und Paprikapulver vermischen, die Hühnerbrüste damit gut einreiben und in Pflanzenöl knusprig braun braten.

4 Papayasalat auf Tellern anrichten, die Hühnerbrüste in Streifen schneiden und auf den Salat legen. Mit Sesamöl beträufeln und mit Koriandergrün bestreuen.

*Sanfte Wellen brechen sich auf weißem Sand, dahinter wiegen sich Palmen im Wind. Mitten in der Postkartenidylle des Rangiroa-Atolls besuchen F&B Manager Christian und Passagierin Katharina das einzige Weingut im Umkreis von mehreren tausend Kilometern. Winzer Sebastién Thepeniér führt seine Besucher ins Innere der Insel, wo gut geschützt vor dem salzigen Meereswind in Reih und Glied die Rebstöcke wachsen. Missionare träumten bereits vor Jahrhunderten vom Weinanbau in der entlegenen Region. Doch erst Ende der 90er-Jahre hatten die Winzer von Rangiroa mit viel Geduld und harter Arbeit die Pflanzen zum Gedeihen gebracht. Mittlerweile beschert ihnen das tropische Klima der Südsee zwei Ernten im Jahr. Christian Brugner, an Bord auch verantwortlich für alle Spirituosen, schmeckt bei der Degustation des Weißweins die besondere Umgebung heraus: Die nährstoffreichen Korallenböden werden mit Algen gedüngt und verleihen dem Wein eine besondere Frische und Mineralität. Ganz zu Recht, findet Christian, haben die Weine von Rangiroa schon mehrere Preise gewonnen.*

Casablanca
Santo Antao
Hulhumalé
Afrika

# Blanc Manger Coco

## *Kokospudding mit tropischer Rum-Frucht-Grütze*

**FÜR 4 PERSONEN**
400 ml Kokosmilch
200 ml Kondensmilch
100 g Puderzucker
5 Tropfen Bittermandelaroma
1 EL brauner Rum
1 Pck. Vanillezucker
3 Blatt Gelatine

1 grüne Kiwi
1 kleine Mango
1 kleine Ananas
50 g Zucker
150 ml Ananassaft
150 ml Mangosaft
2 TL Speisestärke

einige frische Minzeblättchen

1 Kokosmilch, Kondensmilch, Puderzucker, Bittermandelaroma, Rum und Vanillezucker vermischen und unter Rühren bei mittlerer Hitze erhitzen (nicht kochen), dann von der Kochstelle ziehen. Gelatineblätter in kaltem Wasser einweichen und in der Kokosmilchmischung auflösen. Die noch warme Masse in kleine Förmchen füllen und für mindestens 5 Stunden im Kühlschrank kaltstellen.

2 Für die Fruchtgrütze das Obst schälen und in Würfel schneiden. Den Zucker in einem Kochtopf leicht karamellisieren lassen. Den Karamellzucker mit 100 ml Ananas- und 100 ml Mangosaft ablöschen und zum Kochen bringen. Speisestärke mit dem restlichen Ananas- und Mangosaft verrühren und unterrühren. Kurz aufkochen lassen und die Früchte unterheben. Grütze kurz kaltstellen.

3 Die Kokospuddings aus den Förmchen stürzen und mit der tropischen Rum-Frucht-Grütze, sowie mit frischen Minzeblättchen garniert, servieren.

*Bei ihrem Stopp auf den Malediven wollen Maika und ihr Kollege Moritz erfahren, wie die typische Küche im tropischen Inselparadies schmeckt. Dafür fahren sie mit dem Boot zur Insel Hulhumalé, wo sie von Familie Yoosuf eingeladen werden, gemeinsam ein „Mas Finohu" zu kochen. Dazu gehört ein Salat mit getrocknetem Thunfisch, Zwiebeln, Kokosflocken und Öl. Maika und Moritz helfen eifrig mit, haben aber Bedenken, das Essen könne wegen der Chilis zu scharf werden. Als das fertige Menü mit vielen Vorspeisen und einem panierten Thunfisch als Hauptgang vor ihnen steht, probieren sie neugierig. Und trotz der feurigen Schärfe ist vor allem Maika total begeistert. Mindestens ebenso beeindruckt ist sie jedoch von der Warmherzigkeit ihrer maledivischen Gastfamilie, die ihr noch lange in Erinnerung bleiben wird.*

# Kichererbsensalat

## *mit Lammkoteletts und Joghurt*

**FÜR 4 PERSONEN**
600 g Kichererbsen
2 l Wasser
2 EL Salz

4 Schalotten, geviertelt
150 g Auberginen-Fruchtfleisch, in 1 cm kleine Würfel geschnitten
150 g Zucchini, in 1 cm kleine Würfel geschnitten
4 ELOlivenöl
1 EL Ras el Hanout
150 g junger Spinat
150 g Zwergtomaten
Meersalz
schwarzer Pfeffer

200 g griechischer Joghurt
2 EL Zitronensaft
4 EL Minzblätter, grob geschnitten
Salz
schwarzer Pfeffer

1 TL Thymian, fein gehackt
1 TL Rosmarin, fein gehackt
2 Knoblauchzehen, gepresst
Meersalz
Zitronenpfeffer
6 EL Olivenöl
12 Lammkoteletts

4 EL Granatapfelkerne

1 Kichererbsen über Nacht in Wasser einweichen und anschließend im gesalzenen Einweichwasser weich kochen.

2 Schalotten, Auberginen, Zucchini und Kichererbsen in Olivenöl anbraten. Ras el Hanout, Spinat und Zwergtomaten dazugeben, kurz mitbraten, mit Salz und frisch gemahlenem Pfeffer würzen und in der Pfanne leicht abkühlen lassen.

3 Joghurt, Zitronensaft, Minzblätter, Salz und frisch gemahlenen Pfeffer glatt rühren.

4 Thymian, Rosmarin, Knoblauch, Meersalz, Zitronenpfeffer und Olivenöl verrühren, die Lammkoteletts damit gut einreiben und in einer Pfanne oder auf dem Grill auf beiden Seiten ca. 3 Minuten braten.

5 Kichererbsensalat auf Tellern anrichten, Lammkoteletts darauflegen und mit den Granatapfelkernen bestreuen. Den Joghurt in einem Schälchen dazu servieren.

*Auf einem typisch marokkanischen Souk beginnt der kulinarische Ausflug, den Kapitän Fronenbroek und Küchenpraktikantin Franzi mit ihrem Gastgeber Hassan unternehmen. In dem wuseligen Markttreiben kaufen sie Gewürze, Gemüse und Oliven und natürlich probieren sie vorher alles. Mit ihren Einkäufen geht es weiter zur Kasbah, einer alten Festungsanlage, die Hassan mit seiner Frau Helen liebevoll restauriert hat. Und bevor der Kochkurs losgeht, genießen die Gäste vom Schiff mit ihrem Gastgeber erst einmal in aller Ruhe eine traditionelle Teezeremonie. Köchin Loubna Thaou zeigt ihnen anschließend, wie man in einem Tontopf Hühnchen mit Gemüse zubereitet. Das herrlich duftende Essen wird zusammen mit frisch gebackenem Brot auf der Sonnenterrasse serviert, wo sich Franzi und der Kapitän ein wenig wie in einem Märchen aus Tausendundeiner Nacht fühlen.*

# Dicke Süßkartoffel-suppe

## *mit Kokos und Garnelen*

**FÜR 4 PERSONEN**

1 Zwiebel, fein gewürfelt
1 grüne Paprika, entkernt und gewürfelt
500 g Süßkartoffeln, geschält, gekocht und gestampft
8 EL kalt gepresstes Olivenöl
100 ml Kokosmilch

16 Garnelen Größe 6–8, geputzt und bis zum Schwanzstück geschält
2 Knoblauchzehen, gepresst
4 EL Olivenöl
500 g passierte Tomaten
250 ml Kokosmilch
Meersalz
schwarzer Pfeffer

4 EL Koriandergrün, grob geschnitten

4 Limonen, halbiert

1 Zwiebel, Paprika, Süßkartoffeln, Olivenöl und Kokosmilch zusammen aufkochen und unter ständigem Rühren 10 Minuten leicht köcheln lassen.

2 Garnelen und Knoblauch in Olivenöl anbraten. Mit den passierten Tomaten ablöschen, Kokosmilch dazugeben, mit Meersalz und frisch gemahlenem Pfeffer würzen und ca. 10 Minuten leicht köcheln lassen.

3 Garnelen aus dem Tomaten-Kokos-Sud nehmen, Süßkartoffelmasse und Koriandergrün dazugeben und verrühren.

4 Die Suppe in tiefen Tellern anrichten und die Garnelen in die Suppe setzen. Mit Limonensaft beträufeln und servieren.

*Der Österreicher Alfred Mandl lebt seit 1985 auf der Insel Santo Antao. Dort im Paul Tal, umgeben von üppiger Natur, betreibt er mit seiner Frau Christine einen Bio-Bauernhof und eine kleine Bar, in der sie neben selbstgebranntem Schnaps auch typische Speisen der Kapverden anbieten. Alfreds Bio-Hof erscheint wie eine paradiesische Oase. So empfinden es auch die Passagiere Steffen und Daniela, als sie den Österreicher besuchen, der es sich zur Aufgabe gemacht hat, Fremden die entspannte Lebensweise der Kapverden näher zu bringen. Alfred schlägt vor, gemeinsam Käse zu machen und so melkt Steffen die hofeigenen Kühe, deren frische Milch Daniela direkt aus dem Krug probiert. Zusammen zupfen sie Kräuter und machen dann in der Küche den Käse, den sie auch gleich genussvoll essen und dabei Alfred lauschen, wie er mit großer Leidenschaft Geschichten über die Kapverden erzählt.*

Südamerika
Coquimbo
Rio de Janeiro
Buenos Aires

# Feijaoda do Mar

*Die Bouillabaise Brasiliens*

**FÜR 4 PERSONEN**

400 g weiße Bohnen
2 l Wasser

2 Zwiebeln, in Ringe geschnitten
4 Knoblauchzehen, zerdrückt
2 EL Tomatenmark
1 EL Chilipaste
1 TL Kreuzkümmel
4 EL Olivenöl
200 g Chorizo Picante, in feine Scheiben geschnitten
200 g Bauchspeck, in feine Streifen geschnitten
12 Garnelen mit Kopf Größe 6–8, geschält
20 Miesmuscheln
200 g Baby-Oktopus
2 l kräftige Fleischbrühe
50 g Kürbis, in 1 cm kleine Würfel geschnitten
2 Tomaten, geviertelt
100 g grüne Bohnen
Meersalz
schwarzer Pfeffer

2 Rotbarschfilets à 100 g
2 Makrelenfilets à 100 g
100 g Calamari-Tuben, in 1 cm dicke Ringe geschnitten

4 TL Zitronensaft
4 TL Orangensaft
4 TL Petersilie, grob geschnitten
4 TL Minze, grob geschnitten

1 Bohnen über Nacht in Wasser einweichen. Anschließend im Einweichwasser ohne Salz weichkochen und in ein Sieb geben.

2 Zwiebeln, Knoblauch, Tomatenmark, Chilipaste und Kreuzkümmel in Olivenöl scharf anrösten. Chorizo, Bauchspeck, Garnelen, Miesmuscheln und Oktopus dazugeben, kurz unterrühren und mit der Fleischbrühe auffüllen. Kürbis, Tomaten, grüne und weiße Bohnen dazugeben, mit Meersalz und frisch gemahlenem Pfeffer würzen und leicht köcheln, bis das Gemüse weich ist.

3 Kurz vor dem Servieren die Fischfilets und Calamari dazugeben und gar ziehen lassen.

4 Die Suppe in vorgewärmten Tellern anrichten, mit Zitronensaft und Orangensaft beträufeln und mit Petersilie und Minze bestreuen.

*Dr. Winfried Koller ist zwar waschechter Bayer, aber wenn er nicht in einer Gemeinschaftspraxis in München praktiziert oder auf dem Schiff als Bordarzt unterwegs ist, findet man ihn in seiner Wahlheimat Rio de Janeiro. Denn in der Stadt am Zuckerhut leben seine Frau und seine zwei Töchter. Als die Grand Lady hier 2014 anlegt, besucht er natürlich als allererstes seine Familie und spaziert danach mit seiner Frau Darcylene in die Bar do Alto. Das kleine Restaurant liegt inmitten der Favela Babilonia hoch oben in den Hügeln des Stadtviertels Leme. Es besticht weniger durch exquisite Getränke oder Speisen, sondern mit einem unbezahlbaren Panoramablick über den wohl berühmtesten Strand der Welt - die Copacabana. Für Dr. Koller ist es der perfekte Ort, um bei einer kühlen Limonade Wiedersehen mit seiner Frau (und mit Rio de Janeiro) zu feiern.*

# Gaucho Rinderrippe

## *mit Chimichurri und Schmorgemüse*

**FÜR 4 PERSONEN**

1 kg Rinderrippe mit Knochen
Meersalz
schwarzer Pfeffer, geschrotet
4 cl Worcestersauce
4 EL Dijon-Senf

120 ml Olivenöl, kalt gepresst
2 EL Rotweinessig
3 Knoblauchzehen, gepresst
120 g Petersilie, fein gehackt
2 Chilischoten, fein gehackt
2 EL getrockneter Oregano
Meersalz
schwarzer Pfeffer

6 Kartoffeln mit Schale, in dünne Scheiben geschnitten
2 Zucchini, in dünne Scheiben geschnitten
2 Zwiebeln, in Spalten geschnitten
2 Paprikaschoten, in Stifte geschnitten
4 Tomaten, in Spalten geschnitten
8 EL kalt gepresstes Olivenöl
4 Rosmarinzweige
Meersalz
schwarzer Pfeffer

1 Rinderrippe mit Meersalz und Pfeffer gut einreiben, mit Worcestersauce beträufeln und mit Dijon-Senf bestreichen. Im vorgeheizten Backofen bei 90 Grad Umluft (Slow cooking) bis zu einer Kerntemperatur von 58 Grad ca. 2 Stunden braten.

2 Für das Chimichurri Olivenöl, Rotweinessig, Knoblauch, Petersilie, Chili, Oregano, Meersalz und frisch gemahlenem Pfeffer in eine Schüssel geben, gut durchmischen und ca. 30 Minuten bei Zimmertemperatur ziehen lassen.

3 Kartoffeln, Zucchini, Zwiebeln, Paprika und Tomaten auf einem Backblech verteilen. Mit Olivenöl beträufeln, Rosmarinzweige darauflegen und mit Meersalz und frisch gemahlenem Pfeffer würzen. Im vorgeheizten Backofen bei 200 Grad Umluft 20–25 Minuten schmoren.

4 Schmorgemüse auf einer vorgewärmten Platte anrichten, die Rinderrippe in dicke Tranchen schneiden und auf das Gemüse setzen. Mit etwas Chimichurri beträufeln und das restliche Chimichurri in einer Schale dazustellen.

*Bei Buenos Aires denkt man an Tango oder saftige Rindersteaks und eher weniger an Käsespätzle und Sauerkraut. Doch als Kapitän Hansen hier 2012 mit der Grand Lady festmacht, begleiten ihn seine Frau Waltraud und Kollege Jörn Hofer nach Tigre. In der kleinen Stadt nordöstlich von Buenos Aires befindet sich in einem wildromantischen, grünen Flussdelta das Alpenhaus. Geführt wird das Restaurant mit Hotel von Susanne Krieg und ihrem Mann Willi. Sie kam als Kind aus Österreich nach Argentinien, ihr Mann aus Bayern. Seit über 20 Jahren bieten sie Gästen aus Nah und Fern alpenländische Küche nach Originalrezepten ihrer Großeltern an. Vor allem der Schwabe Jörn freut sich auf Spätzle und lässt sich in der Küche zeigen, wie die argentinisch-deutsche Variante zubereitet wird. Dazu bekommt er noch drei Wiener Würstchen und ist plötzlich mitten in Argentinien der Heimat ganz nah...*

# Picarones

## *Mandel-Spritzgebäck mit Orangen-Zimt-Sauce und Eiscreme*

**FÜR 4 PERSONEN**

250 g Süßkartoffeln, geschält, gewürfelt
150 g gelber Kürbis, geschält, gewürfelt
1 Msp. Zimtpulver
1 Msp. Anissamen
100 g Zucker
2 EL Mandelaroma
4 cl Pisco (chilenischer Weinbrand)

3 EL warmes Wasser
25 g frische Hefe
1 Ei
1 Prise Salz
250 g Mehl
Öl zum Ausbacken

300 ml Orangensaft
1 Msp. Zimtpulver
4 EL Aprikosenkonfitüre
1 EL Speisestärke
4 Kugeln Erdbeereis

1 Süßkartoffeln, Kürbis, Zimt und Anissamen in einem Topf mit Wasser zum Kochen bringen und so lange kochen, bis es weich ist. Wasser abschütten und mit dem Zauberstab oder im Mixer zu einem Püree verarbeiten. 80 g Zucker, Mandelaroma und den Pisco dazugeben.

2 In einer Tasse das warme Wasser mit der Hefe und dem restlichen Zucker verrühren und 10 Minuten ruhen lassen. Aufgegangene Hefe in das Püree mischen, Ei und Salz dazugeben, nach und nach das Mehl unterheben, bis eine homogene Masse entsteht. Mit einem Küchentuch abdecken und an einem warmen Ort 2 Stunden ruhen lassen.

3 Öl 6–7 cm hoch in einen tiefen Topf geben und erhitzen. Mit nassen Händen den Teig in kleine Ringe formen, vorsichtig in das Öl gleiten lassen und goldbraun frittieren. Aus dem Öl heben und auf Küchenpapier legen.

4 250 ml Orangensaft, Zimt und Aprikosenkonfitüre aufkochen, restlichen Saft mit der Speisestärke verrühren, dazugeben und nochmals kurz aufkochen lassen.

5 Jeweils 2 oder 3 Picarones auf einen Dessertteller legen und mit etwas Sauce sowie 1 Kugel Eis servieren.

*Mal den Kopf frei bekommen und den Schiffsalltag für ein paar Stunden hinter sich lassen, ist der Wunsch von Kapitän Morten Hansen und Schiffsarzt Dr. Winni Koller, als sie sich in Coquimbo zu einer Radtour aufmachen. Auf der Küstenstraße fahren sie nach La Serena, der zweitältesten Stadt Chiles, die von spanischen Eroberern im 16. Jahrhundert gegründet wurde. Noch heute ist das Bild der Altstadt, deren Herzstück die prächtige „Plaza de Armas" ist, geprägt vom Kolonialstil und vielen kleinen, verwinkelten Gassen. Auf dem Markt geht Morten Hansen auf Tuchfühlung mit einem Lama. Obwohl den Lasttieren der Ruf vorauseilt, gerne zu spucken, bleibt der Kapitän trocken und verabschiedet sich vom Lama mit einem Küsschen.*

# Mittelamerika

# Bohnensuppe „El Fuego“

## *mit Guacamole und Tortillachips*

**FÜR 4 PERSONEN**

100 g Bauchspeck, in 0,5 cm kleinen Würfeln
1 Zwiebel, fein gewürfelt
2 Knoblauchzehen, gepresst
100 g Paprikaschoten, in 0,5 cm kleinen Würfeln
4 EL Olivenöl
1 TL geräuchertes Paprikapulver
1 EL Chipotle-Chilipaste
200 g stückige Tomaten (aus der Dose)
400 g schwarze Bohnen (aus der Dose)
500 ml Hühnerbrühe
1 TL Koriandersamen, gemahlen
1 TL Kreuzkümmel, gemahlen
Salz
schwarzer Pfeffer

2 Avocados, ohne Schale
2 EL Limonensaft
120 g Sauerrahm
Meersalz
schwarzer Pfeffer

8 Tortillafladen
4 EL Olivenöl

etwas Koriandergrün, grob geschnitten

1 Bauchspeck, Zwiebel, Knoblauch und Paprikawürfel in Olivenöl anbraten. Paprikapulver, Chipotle-Chilipaste, Tomaten und Bohnen dazugeben, kurz durchrühren und mit der Hühnerbrühe auffüllen. Koriandersamen und Kreuzkümmel dazugeben, 20 Minuten köcheln und mit Salz und frisch gemahlenem Pfeffer würzen.

2 Avocados mit einer Gabel grob zerdrücken. Limonensaft und Sauerrahm dazugeben, mit Meersalz und frisch gemahlenem Pfeffer würzen.

3 Tortillafladen in Olivenöl knusprig braten und in Streifen schneiden.

4 Die Suppe in vorgewärmten Tellern anrichten und mit Koriandergrün bestreuen. Guacamole und Tortillachips extra servieren.

*Seemänner sind auch manchmal nur große Jungs, die spielen wollen. Im beschaulichen Huatulco veranstaltet Kapitän Morten Hansen einen kleinen Wettbewerb zwischen Kreuzfahrtdirektor Thomas Gleiß und dessen Stellvertreter Jörn Hofer. Die Herausforderung: Wer von beiden kann schärfer essen! Unter Aufsicht von Bordarzt Winni Koller begeben sich die vier Kollegen in ein kleines Restaurant am Strand und legen los mit ein paar eher harmlosen roten und gelben Chili-Schoten, die noch nicht wirklich zünden. Dann aber serviert die Küche eine Habanero, die mit Schärfegrad 10 zu den schärfsten Chili Sorten gehört. Nur ein kleiner Biss und Thomas Gleiß kapituliert. Jörn Hofer schießen zwar auch umgehend die Tränen in die Augen, aber tapfer verzehrt er seine Portion Habanero und gewinnt die mexikanische Feuertaufe. Als Siegesprämie bekommt er zum Löschen ein großes Glas Milch!*

# Tres Leches Chocolate

**FÜR 4 PERSONEN**
100 g Mehl plus 1 EL
1 EL Backpulver
4 Eier
115 g Zucker
1 Msp. Vanillemark
1 EL Butter, geschmolzen
1 EL Öl

120 ml Milch
50 ml Kondensmilch
100 ml Kondensmilch, gezuckert
100 ml Schokoladensauce, dunkel

230 g Schlagsahne
1 EL Kakaopulver
50 g Schokoladenraspeln

1 Den Ofen auf 180 Grad Ober-/Unterhitze vorheizen. Eine runde Backspringform (18 cm ø) leicht fetten und mehlen.

2 Mehl und Backpulver gut vermischen und fein sieben. In einer Schüssel Eier, Zucker und Vanillemark verquirlen und nach und nach das gesiebte Mehl vorsichtig unterheben. Zuletzt die geschmolzene Butter unterrühren. Die Masse in die geölte und bemehlte Torten-Backform füllen und im vorgeheizten Backofen bei 180 Grad Umluft ca. 40 Minuten backen.

3 Milch und beide Kondensmilchsorten zusammen mit der Schokoladensauce ca. 15 Sekunden mixen. Mit einem Zahnstocher kleine Löcher in den fertigen Kuchen piksen und den Milch-Schokoladen-Mix auf dem noch heißen Kuchen verteilen. Den übergossenen Kuchen mindestens 1 Stunde im Kühlschrank kaltstellen.

4 Schlagsahne und Kakaopulver zusammen steif aufschlagen, auf dem kalten Kuchen verteilen und mit Schokoraspeln bestreuen.

*Mittlerweile ist Küchen-Chef Fritz Pichler schon mehr als 50 Mal durch den berühmten Panama-Kanal gefahren. Doch noch immer ist die etwa 80 Kilometer lange Passage für den Österreicher ein außergewöhnliches Ereignis. Es dauert etwa 12 Stunden, bis das Schiff den Kanal durchkreuzt hat und vom Pazifik in den Atlantik gewechselt ist oder umgekehrt, je nach Fahrtrichtung. Da die Passagiere keine der spektakulären Schleusen verpassen wollen, lässt sich Fritz Pichler immer besondere, eher kleine Häppchen einfallen, die er verteilt über den Tag im Kanal seinen Gästen serviert. So zum Beispiel Pork & Shrimps Chipotle, ein scharfes Latino Reisgericht mit Garnelen und Schweinefleisch. Aber wichtig für den Küchen-Chef ist nicht nur, dass es schmeckt, sondern dass auch für ihn noch genügend Zeit bleibt, die Passage durch den Panama-Kanal genießen zu können.*

# Sucio Arroz

## *Schmutziger Reis mit Pico de Gallo*

**FÜR 4 PERSONEN**

200 g Bauchspeck, in 0,5 cm kleine Würfel geschnitten
250 g Rinderhack
4 EL Olivenöl
250g Hühnerleber, klein geschnitten
1 Zwiebel, fein gewürfelt
2 Knoblauchzehen, gepresst
Salz
schwarzer Pfeffer, geschrotet
500 ml Hühnerbrühe
2 EL Chilipaste
200 g Paprikaschoten, in 0,5 cm kleine Würfel geschnitten

750 g Langkornreis, gekocht
1 EL Cajun-Gewürz (kreolische Gewürzmischung)

8 Zwergtomaten, geviertelt
½ Gurke, in feine Würfel geschnitten
1 rote Zwiebel, fein gewürfelt
1 Avocado, fein gewürfelt
4 EL Koriandergrün, grob geschnitten
1 Limone
40 ml kalt gepresstes Olivenöl
Meersalz
schwarzer Pfeffer, geschrotet

1 Bauchspeck und Rinderhack in Olivenöl scharf anbraten, Hühnerleber, Zwiebel und Knoblauch dazugeben und mit Salz und Pfeffer würzen. Hühnerbrühe, Chilipaste und Paprikawürfel dazugeben, durchmischen und köcheln lassen, bis das Hackfleisch gar ist.

2 Gekochten Reis und Cajun-Gewürz dazugeben und nochmals gut durchmischen.

3 Für die frische Würzsauce Pico de Gallo Tomaten- und Gurkenwürfel, Zwiebel, Avocado, Koriandergrün, Limonensaft und Olivenöl vermengen und mit Meersalz und Pfeffer würzen.

*Für den Aufenthalt in Corinto hat sich Küchen-Chef Jörg Schwab vorgenommen, einen Blick in nicaraguanische Kochtöpfe zu werfen. Dafür sind er und Küchenpraktikant Krischan mit den beiden Señoras Hulda und Yesenia verabredet. Sie wollen den Schiffsköchen ihre Kultur näherbringen und nehmen sie erst einmal mit auf den Mercado Municipal, wo sie Rindfleisch und Gemüse einkaufen. Zuhause bei Hulda kochen dann alle gemeinsam einen Eintopf mit Maismehl, Rind, Gemüse und Paprikapulver. Das traditionelle Gericht nennt sich Indio Viejo, was übersetzt „alter Indianer" heißt. Jörg probiert und ist zunächst skeptisch. Nachdem der Eintopf fertig durchgezogen ist, schmeckt er ihm schon viel besser. Von Hulda erfahren sie, dass die Lebenshaltungskosten in Nicaragua so hoch sind, dass sie sich ein Gericht mit Rindfleisch nur etwa alle zwei Monate leisten kann. Viel größer könnte der Kontrast zum Luxus auf dem Kreuzfahrtschiff, wo für die Passagiere täglich hochwertiges Essen im Überfluss produziert wird nicht sein. Auch wenn Jörg dieser Konflikt bei seiner Arbeit ständig begleitet, ist es doch immer ein Moment der Demut, damit so unmittelbar konfrontiert zu werden wie hier im bescheidenen Zuhause von Hulda.*

# Bananas Fritas

## *Gebackene Banane mit Ananas-Honig-Sirup und Eiscreme*

**FÜR 4 PERSONEN**

50 g Tempuramehl
125 ml Eiswasser
1 Prise Salz
1 EL helle Sesamsamen
Öl zum Frittieren
2 große Bananen, geschält und halbiert

300 ml Ananaspüree
6 EL Honig
4 Kugeln Vanilleeis

1 Tempuramehl, Wasser, Salz und Sesam in einer Schüssel zu einem zähflüssigen Teig anrühren. Öl in einem Topf erhitzen. Bananenhälften im Teig wenden und im Fett bei starker Hitze in 2 Minuten goldbraun ausbacken. Mit einem Schaumlöffel aus dem Öl heben und auf Küchenpapier gut abtropfen lassen.

2 In einem kleinen Topf Ananaspüree mit dem Honig mischen und bei schwacher Hitze in 20 Minuten zu einem Sirup einkochen.

3 Jeweils eine halbe Banane auf einen Dessertteller legen, mit dem Sirup übergießen und 1 Kugel Vanilleeis dazusetzen.

*In Ecuador ist fast alles Banane! Zumindest halten die Früchte die Wirtschaft des Landes am Laufen, denn Ecuador ist weltweit der größte Exporteur von Bananen. Kaum verwunderlich also, dass die beliebte Südfrucht auch in der Küche des lateinamerikanischen Landes einen besonderen Stellenwert einnimmt und es viele Gerichte mit Bananen gibt. Eines davon probieren Bordarzt Dr. Winni Koller und Entertainment-Manager Rainer bei ihrer Fahrradtour über die Insel Santay, einem Naturschutzgebiet mitten in Guayaquil. Ohne zu wissen, was sie erwartet, bestellen sie „Maduro Lampreado". Das sind platt gedrückte, mit Käse gefüllte Kochbananen, die in einem Teig aus Mehl, Zucker und Eiern frittiert werden. Rainer findet es lecker, Bordarzt Winni eher eigenartig, aber als er sich an die sehr spezielle Mischung gewöhnt hat, schmeckt auch ihm der ungewöhnliche Bananen-Imbiss.*

# Gebratene Königsmakrele

## *mit Salsa Picante und gelbem Reis mit Bohnen*

**FÜR 4 PERSONEN**

4 Königsmakrelen-Steaks à 200 g
Meersalz
schwarzer Pfeffer, geschrotet
3 EL Pflanzenöl
2 EL Butter
2 EL Zitronensaft

2 Tomaten, entkernt und in feine Würfel geschnitten
1 Zwiebel, in feine Würfel geschnitten
100 g Paprika, entkernt und in feine Würfel geschnitten
50 g Frühlingszwiebel, in Ringe geschnitten
4 EL Koriandergrün, grob gehackt
1 Chilischote, entkernt und fein gehackt
4 EL Olivenöl
2 EL Limonensaft
Meersalz
schwarzer Pfeffer

200 g Langkornreis
400 ml Wasser
200 g rote Bohnen
1 TL Kreuzkümmel, gemahlen
1 TL Gelbwurz, gemahlen
2 EL Olivenöl
Salz
schwarzer Pfeffer

4 Korianderzweige

1 Fischfilets mit Meersalz und Pfeffer würzen und in Pflanzenöl scharf anbraten. Butter und Zitronensaft dazugeben und die Fischfilets mehrmals mit dem Sud übergießen.

2 Für die Salsa Picante Tomaten, Zwiebel, Paprika, Frühlingszwiebel, Koriandergrün und Chili mischen. Olivenöl und Limonensaft dazugeben und mit Meersalz und frisch gemahlenem Pfeffer würzen.

3 Reis in einem Sieb unter fließend kaltem Wasser waschen. In Salzwasser weich kochen, kalt abschrecken und gut abtropfen lassen. Bohnen über Nacht in kaltem Wasser einweichen. Im gesalzenen Einweichwasser weich kochen und gut abtropfen lassen. Kreuzkümmel und Gelbwurz trocken anrösten. Olivenöl, Reis und Bohnen dazugeben, gut durchmischen und mit Salz und frisch gemahlenem Pfeffer würzen.

4 Reis und Fischfilets auf vorgewärmten Tellern anrichten. Salsa auf den Fisch geben und mit Koriandergrün garnieren.

*Obwohl rund ein Drittel der Bevölkerung in Armut lebt, gehören die Menschen in El Salvador laut einer Studie von 2012 zu den glücklichsten der Welt. Thomas und seine Kollegin Kiona waren schon mehrmals in El Salvador, ihr privater Ausflug in die kleine Gemeinde Nahuizalco ist aber für beide die ersehnte Gelegenheit Land und Leute näher kennenzulernen. Erste Eindrücke sammeln sie auf dem Handwerkermarkt, wo traditionelle Korbwaren angeboten werden. Der Höhepunkt ihres Ausflugs ist, als sie spontan zum Essen eingeladen werden. Eigentlich wollten die beiden nur einen neugierigen Blick ins Haus von Dona Rosario werfen, welches sie irrtümlich für ein Geschäft hielten. Jetzt sitzen sie in deren guter Stube und werden mit „Sopa Frijoles Criolla" verwöhnt, einem Bohneneintopf mit Schweinefleisch. Kiona und Thomas wollten das „echte" El Salvador kennenlernen, plötzlich sind sie mittendrin.*

# Ensalada de Pulpo

*Pikanter Oktopussalat mit krossem Speck*

**FÜR 4 PERSONEN**

800 g Oktopus
4 EL Zitronen-Olivenöl

125 g Mayonnaise
75 g Sauerrahm
1 Knoblauchzehe, fein gehackt
2 EL Zitronensaft
1 Chilischote, fein gehackt
Meersalz
weißer Pfeffer

2 EL Jalapeño-Öl
1 rote Zwiebel, in feine Ringe geschnitten
12 Speckscheiben, kross gebraten und fein gehackt
schwarzer Pfeffer, geschrotet
etwas Petersilie, grob geschnitten

1 Oktopus in Salzwasser weichkochen, kalt abschrecken, in ca. 3 mm dünne Scheiben schneiden und mit Zitronen-Olivenöl marinieren.

2 Mayonnaise, Sauerrahm, Knoblauch, Zitronensaft und Chilischote zusammen glatt rühren. Mit Salz und frisch gemahlenem weißen Pfeffer würzen.

3 Sauce auf gekühlten Tellern ca. 2 mm dünn aufstreichen. Die Oktopusscheiben darauf verteilen, mit Jalapeño-Öl beträufeln und mit den Zwiebelringen belegen. Zuletzt mit krossem Speck, geschrotetem Pfeffer und Petersilie garnieren.

*Die Altstadt von Cartagena zählt zu den schönsten von Südamerika und wurde bereits 1984 zum UNESCO-Weltkulturerbe erklärt. Bei ihrem Stadtbummel interessieren sich Zauberkünstler Kalibo und Entertainment-Manager Alex jedoch weniger für prächtige Kolonialhäuser, Paläste und Kirchen, stattdessen treibt sie ihr Hunger zum „Mercado de Bazurto". Der Zentralmarkt liegt in einem eher gefährlichen Viertel, in das sich Touristen normalerweise nicht verlaufen. Doch mulmig wird den beiden nicht nur wegen der schrägen Blicke, die ihnen hier begegnen. Auch die mangelnde Hygiene an den Marktständen lässt sie aus Sorge um ihre Gesundheit lieber auf den Verzehr von Fleisch oder Fisch verzichten. Als „sichere" Alternative wählen sie gekochten Maniok, in Kolumbien wie in ganz Südamerika ist die stärkehaltige Wurzelknolle ein Grundnahrungsmittel, wenn auch nicht gerade eine feine Delikatesse. Aber Hauptsache, Kalibo und Alex sind satt geworden und haben unbeschadet den Weg zurück zum Schiff gefunden.*

Nordamerika
Portland
Baie-Comeau
Bonne Bay
San Francisco
Baltimore
New Orleans
Key West
90

# Spicy Chicken Wings

*mit Ofenkartoffeln, Gorgonzola-Dip und Staudensellerie*

**FÜR 4 PERSONEN**
4 EL Honig
2 EL Ahornsirup
8 EL Ketchup
6 EL Sojasauce
2 EL Tabasco
1 EL schwarzer Pfeffer, geschrotet
1 TL Sesamöl
1 TL Zitronensaft
24 Hühnerflügel

4 EL Olivenöl
4 TL Meersalz
4 TL Zitronenpfeffer
4 Süßkartoffeln

150 g Gorgonzola
250 g Crème fraîche
Salz
schwarzer Pfeffer

1 Staudensellerie

4 Stück Alufolie, ca. 20 x 20 cm

1 Honig, Ahornsirup, Ketchup, Sojasauce, Tabasco, Pfeffer, Sesamöl und Zitronensaft zusammen glatt rühren. Hühnerflügel gut damit einreiben und zugedeckt über Nacht im Kühlschrank marinieren. Hühnerflügel im vorgeheizten Backofen bei 180 Grad Umluft ca. 25–30 Minuten braten.

2 Alufolie mit Olivenöl bestreichen, mit Meersalz und Zitronenpfeffer bestreuen. Süßkartoffeln darauflegen, gut einwickeln und im vorgeheizten Backofen bei 180 Grad Umluft ca. 30–35 Minuten backen.

3 Gorgonzola mit einer Gabel zerdrücken, Crème fraîche, Salz und frisch gemahlenen Pfeffer dazugeben und vorsichtig verrühren.

4 Staudensellerie schälen, in ca. 10 cm lange Stücke schneiden und mindestens 1 Stunde in Eiswasser legen.

5 Süßkartoffeln in der Alufolie einschneiden, Gorgonzola-Dip darübergeben und zusammen mit den Hühnerflügeln und dem Staudensellerie servieren.

*Wenn schon nicht „Born to be wild“, dann doch wenigstens mal ab und zu so tun als ob, wenn sich die Gelegenheit bietet. So wie in San Francisco, wo sich Kapitän Robert Fronenbroek und Kreuzfahrtdirektor Thomas Gleiß für eine Spritztour zwei Motorräder ausleihen und ihre Schiffsuniformen gegen eine Lederkluft eintauschen. Mit ihrem örtlichen Guide und Motorrad-Freak Wolfgang cruisen sie über die berühmten Straßen von San Francisco und überqueren natürlich auch die Golden Gate Bridge. Auf der Lombard Street machen sie einen Boxenstopp bei Mel's Drive, einem klassischen, amerikanischen Diner im Look der 50er-Jahre. Bei Burger und Pommes plaudern sie mit dem Auswanderer Wolfgang über den American Dream, bevor sie ihre Motorradtour auf dem Twin Peaks Hügel mit einem fantastischen Panoramablick über San Francisco standesgemäß beenden.*

# Banana Foster Crumble

## *mit Ananas-Chips und Karamellsauce*

**FÜR 4 PERSONEN**

4 TL Butter
100 g Zucker oder brauner Rohzucker
1 Msp. Zimtpulver
40 ml Bananenlikör
4 Bananen, in Scheiben geschnitten
75 ml hochprozentiger dunkler Rum

100 g Butter, zerlassen
100 g Zucker
100 g Mehl
50 g Haferflocken

2 Blätter Strudelteig
etwas Butter zum Bestreichen
12 Ananasscheiben, sehr dünn geschnitten (am besten mit der Brotmaschine schneiden)
2 EL brauner Zucker

1 Den Ofen auf 180 Grad Ober-/Unterhitze vorheizen. Butter, Zucker und Zimtpulver unter Rühren in einer kleinen Pfanne erhitzen, bis sich der Zucker vollständig aufgelöst hat. Bananenlikör einrühren und die Bananenscheiben dazugeben. Bei mittlerer Hitze die Bananen im Zuckersud bräunen. Wenn die Bananen leicht braun sind, Rum dazugeben und sofort mit einem langen Streichholz flambieren. Wenn die Flammen erloschen sind, Bananen in eine flache Auflaufform geben, die restliche Sauce beiseitestellen.

2 Butter, Zucker, Mehl und Haferflocken in einer Schüssel vermengen, aber nicht kneten. Streusel auf die Bananen geben und im vorgeheizten Backofen ca. 12–15 Minuten goldbraun backen.

3 Für die Ananas-Chips ein Strudelblatt mit etwas flüssiger Butter bestreichen und das zweite Strudelblatt auflegen. Mit einem mittleren Ausstecher rund ausstechen und mit dem gleichen Ausstecher die Ananasscheiben ausstechen, auf die Strudelblätter legen und mit etwas braunem Zucker bestreuen. Im Ofen bei 180 Grad 10 Minuten backen.

4 Den noch warmen Bananen-Crumble mit den Ananas-Chips und etwas warmer Sauce servieren.

*Die US Metropole am Mississippi wird auch „The Big Easy" genannt und fasziniert Touristen aus aller Welt mit ihrem entspannten Südstaaten-Flair. Auch die Küche von New Orleans hat einiges zu bieten, vereint sie doch Einflüsse aus Frankreich, Spanien, Afrika und der Karibik. Davon wollen sich Jungköchin Steffi und Famulantin Vroni persönlich überzeugen und besuchen Jason Goodenough, der gerade zum Koch des Jahres gekürt wurde. Für seine Gäste zaubert er ein „New Orleans Shrimps and Grits" mit fangfrischen Garnelen, Polenta und viel frischem Gemüse. Steffi mag eigentlich keine Polenta, aber in der Zubereitung von Jason lässt sich die Bayerin gerne überzeugen.*

# Roberta's Key West Lime Pie

**FÜR 4 PERSONEN**
300 g Mehl, etwas mehr für die Arbeitsfläche und die Form
3 EL Zucker
150 g kalte Butter, in Stücke geschnitten
1 Msp. Salz
3 EL Eiswasser
1 TL Öl für die Form

185 ml Zitronensaft
165 g Zucker
185 g Schmand
3 Eier, leicht aufgeschlagen

1 Eigelb, leicht aufgeschlagen
1 EL Zucker

1 Mehl, Zucker, Butter und Salz in der Küchenmaschine zu einem krümeligen Teig verarbeiten. Auf langsamer Stufe Eiswasser hinzufügen, bis ein glatter Teig entsteht. Den Teig in Frischhaltefolie wickeln und 30 Minuten kühl stellen. Zwei Drittel des Teiges auf einer leicht bemehlten Arbeitsfläche 2–3 mm dünn ausrollen, eine eingeölte und mit Mehl bestäubte Tarteform damit auslegen und im vorgeheizten Backofen bei 180 Grad Umluft 5 Minuten vorbacken.

2 Zitronensaft und Zucker über Wasserdampf mit einem Schneebesen schaumig rühren. Schmand und Eier dazugeben und weitere 5 Minuten rühren. Die Schmandmasse gleichmäßig auf dem vorgebackenen Teig verteilen und mit dem restlichen ausgerollten Teig den Kuchen bedecken. Die Ränder mit Wasser bestreichen, fest zusammendrücken und überstehenden Teig abschneiden. Mit dem Messer einige kleine Schlitze in den Teigdeckel ritzen, ihn mit Eigelb bestreichen und mit Zucker bestreuen. Im vorgeheizten Backofen bei 180 Grad Umluft ca. 30 Minuten backen.

*Für jeden, der nach Key West kommt, ist der Besuch des Wohnhauses von Ernest Hemingway Pflicht. Für Thomas Gleiß ist es eher Kür, denn der Literatur-Nobelpreisträger zählt zu seinen Lieblingsschriftstellern. Daher ist es für ihn auch ein ganz besonderer Moment ist, als er am Schreibtisch von Hemingway Platz nehmen darf. Noch schöner wird es aber, als er mit seiner Kollegin Elke anschließend ins Blue Heaven geht. Heute ein gemütliches Gartenrestaurant, war es zu Zeiten von Hemingway ein Boxring, in dem der Schriftsteller regelmäßig als Schiedsrichter fungierte. Heute isst man hier seinen Lieblingsnachtisch Key Lime Pie. Das ist eine Torte, die aus drei Grundzutaten besteht: Eigelb, Dosenmilch und Limettensaft. Die Kruste wird aus Butterkeksen zubereitet, das Topping aus Schlagsahne oder Baiser. „Wem die Stunde schlägt", denkt sich Thomas Gleiß, als ihm die gewaltige Kalorienbombe serviert wird. Aber mit jedem Bissen fühlt er sich dem berühmten Schriftsteller noch ein wenig näher.*

# Barbecue Chicken Burger

**FÜR 4 PERSONEN**
4 Hähnchenbrüste ohne Haut
1 EL Montreal-Steak-Gewürz
2 EL Pflanzenöl
4 EL Barbecuesauce

4 Burgerbrötchen
4 EL Mayonnaise
½ Eisbergsalat, in feine Streifen geschnitten
2 Tomaten, in Scheiben geschnitten
½ Gurke, in Scheiben geschnitten
4 EL Barbecuesauce
1 Avocado, in Spalten geschnitten
8 Speckscheiben, kross gebraten

1 Hähnchenbrüste mit Montreal-Steak-Gewürz würzen und in Pflanzenöl kurz scharf anbraten, mit Barbecuesauce bestreichen und ca. 10 Minuten im Backofen garen.

2 Burgerbrötchen halbieren und kurz toasten. Die untere Brötchenhälfte mit Mayonnaise bestreichen und mit Eisbergsalat, Tomaten und Gurken belegen. Die Hähnchenbrüste aus dem Ofen nehmen, in Streifen schneiden und auf den Gurken verteilen. Barbecuesauce daraufgeben, mit Avocadospalten und Speck belegen und mit der oberen Brötchenhälfte bedecken.

*Wenn zwei Kreuzfahrtdirektoren, die schon dutzende Male die Welt umfahren haben, zusammen einen Ausflug unternehmen, sind die Erwartungen hochgesteckt. So auch, als Thomas Gleiß und Klaus Gruschka in Baltimore das Eisenbahnmuseum besuchen und im Anschluss mit einem historischen Zug einer der ersten Bahnstrecken der USA befahren. Das Museum mit seinen vielen alten Locks hat den beiden gefallen, aber die Bahnfahrt entpuppt sich als große Enttäuschung. Vor allem Thomas Gleiß, der ein großer Eisenbahn-Fan ist, findet den Zug nicht sonderlich schön und auch den Ausblick auf das Industriegebiet von Baltimore nicht wirklich sehenswert. Da hilft nur eines: Sich mit einer schön fettigen Kalorienbombe trösten! Zusammen mit Kim, der Frau von Klaus Gruschka, treffen sie sich im „Chipotle Mexican Grill", wo in uriger Atmosphäre die gesamte Palette an fleischlastigen Spezialitäten angeboten wird. Die beiden Kreuzfahrtdirektoren entscheiden sich für scharfe Spareribs und spätestens nach dem ersten Bissen ist die langweilige Zugfahrt schnell vergessen.*

Water Closed to Public
High Hazard
Medium Hazard

# Maine Lobster

## *Gebratener Hummer mit Champignons, Rouille und Baguette*

**FÜR 4 PERSONEN**
8 l Wasser
200 g Meersalz
1 Bund Dill
4 TK-Hummer, 750 g, aufgetaut
4 EL Butter

125 g Mayonnaise
125 g Sauerrahm
4 EL Olivenöl
1 Knoblauchzehe, gepresst
1 EL Zitronensaft
1 Msp. Safranpulver
1 Chilischote, entkernt und fein gehackt
Salz
Zitronenpfeffer

250 g Champignons, halbiert
2 EL Butter
Salz
schwarzer Pfeffer
4 EL gehackte Petersilie

Meersalz
2 Zitronen, halbiert
2 Baguette

1 Wasser mit Meersalz und Dill aufkochen, die Hummer darin ca. 8–10 Minuten kochen und anschließend in kaltem Wasser abschrecken. Hummer halbieren, vorsichtig auswaschen und trocken tupfen. Die Hummerscheren mit dem Messerrücken aufschlagen und den vorderen Teil der Schale entfernen. Butter in einer Pfanne erhitzen und die Hummer goldbraun anbraten.

2 Für die Rouille Mayonnaise, Sauerrahm, Olivenöl, Knoblauch, Zitronensaft, Safranpulver und Chili zusammen glatt rühren. Mit Salz und Zitronenpfeffer würzen.

3 Champignons in Butter anbraten, mit Salz und frisch gemahlenem Pfeffer würzen und Petersilie dazugeben.

4 Hummer auf einem Teller anrichten, Champignons darauf verteilen und mit etwas Meersalz bestreuen. Zitrone und Baguette dazulegen und die Rouille in einem Schälchen servieren.

*Auf dem Harbour Fish Market in Portland werden zwar unzählige Fische angeboten, aber der eindeutige Star ist hier fangfrischer Hummer. Auf so einen haben es auch die beiden Reiseleiter Kiona und Uwe abgesehen, wenn sie schon mal in der selbsternannten „Welthauptstadt des Hummers" unterwegs sind. Auf dem Fischmarkt bekommen sie dann auch ein riesiges Exemplar präsentiert, aber zum Essen wechseln sie doch ins „Porthole". Das Fischrestaurant ist seit 1929 auf die Zubereitung von Hummer spezialisiert. Ausgestattet mit Plastikschürzen, bearbeiten Kiona und Uwe die knallroten Krustentiere mit einer Zange, um an das weiße, proteinhaltige und fast fettfreie Fleisch zu kommen. Auch wenn Kiona anfangs mit der harten Schale ziemlich zu kämpfen hat, die Mühe lohnt allemal. Vor allem Feinschmecker Uwe ist von der Qualität hin und weg!*

# Poutine Deluxe

*Pommes mit Burrata und frischer Trüffel*

**FÜR 4 PERSONEN**
4 Schalotten, fein geschnitten
400 g Rinderhack
5 EL Pflanzenöl
50 g Weizenmehl
150 ml dunkles Bier
500 ml Kalbsfond
4 EL Barbecuesauce
125 g Champignons, geviertelt
Salz
schwarzer Pfeffer

800 g Steakhouse-Pommes
1,5 l Pflanzenöl
1 EL Meersalz
1 TL edelsüßes Paprikapulver
1 EL Trüffelöl
2 EL Parmesan, fein gerieben

200 g Burrata, in Scheiben geschnitten
20 g schwarze Trüffel

1 Schalotten und Rinderhack in Pflanzenöl anbraten. Weizenmehl dazugeben und leicht bräunen. Mit Bier und Kalbsfond auffüllen, gut verrühren und köcheln, bis die Sauce etwas eingedickt ist. Barbecuesauce und Champignons dazugeben und mit Salz und Pfeffer würzen.

2 Steakhouse-Pommes in Pflanzenöl knusprig ausbacken. Meersalz, Paprikapulver, Trüffelöl und Parmesan dazugeben und gut durchmischen.

3 Pommes in tiefen Tellern anrichten und mit der Hackfleischsauce übergießen. Burrata darauflegen und frische Trüffel darüberhobeln.

*Während des Indian Summer erglühen an der Ostküste Kanadas nicht nur die Wälder in leuchtenden Farben, sondern es sprießen auch die Pilze. Jungköchin Steffi und Reiseleiterin Maika haben sich mit Jason Nesbritt verabredet, einem passionierten Jäger, Hobbygärtner und Koch. Mit ihm begeben sie sich im Gros Morne Nationalpark auf die Suche nach dem „Gold des Waldes". Vorsicht ist geboten, denn von über 250 Pilzsorten, die hier wachsen, sind lediglich 40 essbar. Die drei werden schnell fündig und sammeln reichlich Pfifferlinge, die Jason in seinem Restaurant in Woody Point für ein Gericht mit Kabeljau verwendet. Als Beilage gibt es Kartoffeln und Spinat aus seinem eigenen Garten und einen spektakulären Ausblick auf die Bucht von Bonne Bay. Steffi und Maika schmeckt es nicht nur vorzüglich, sie sind vor allem angetan von der leidenschaftlichen Hingabe, mit der Jason die neufundländische Küche mit ausschließlich frischen Zutaten aus der Region interpretiert.*

# Heilbuttfilet

## *mit gebackenem Ahornsirup-Gemüse und Kapern*

**FÜR 4 PERSONEN**
12 neue Kartoffeln mit Schale, halbiert
12 Babykarotten
8 Brokkolini
4 Schalotten, halbiert
2 Frühlingszwiebeln, halbiert
12 Zwergtomaten, halbiert
2 Rosmarinzweige
2 Thymianzweige
60 ml Olivenöl
60 ml Ahornsirup
1 EL Meersalz
1 EL Zitronenpfeffer

4 Heilbuttfilets ohne Haut à 200 g
Meersalz
schwarzer Pfeffer, geschrotet
100 g Butterflocken
40 ml Weißwein
1 Zitrone

100 g Kapern
2 EL Maisstärke
200 ml Pflanzenöl

einige Dillzweige, Spitzen abgezupft

1 Kartoffeln, Babykarotten, Brokkolini, Schalotten, Frühlingszwiebeln, Zwergtomaten, Rosmarin und Thymian mit Olivenöl und Ahornsirup vermischen. Mit Meersalz und Zitronenpfeffer würzen, auf einem Backblech verteilen und im vorgeheizten Backofen bei 180 Grad Umluft ca. 20 Minuten backen.

2 Heilbuttfilets mit Meersalz und Pfeffer würzen. Gemüse aus dem Ofen nehmen, die Fischfilets darauflegen, mit Butterflocken belegen und mit Weißwein sowie Zitronensaft beträufeln. Backblech wieder in den Ofen schieben und nochmals ca. 10 Minuten weiterbacken.

3 Kapern mit Küchenpapier gut trocknen, in Maisstärke wälzen und in Pflanzenöl goldbraun und knusprig ausbacken.

4 Den Fisch mit Kapern und Dill bestreuen und mit dem Ahornsirup-Gemüse servieren.

*Auf ihren Kreuzfahrten über die sieben Weltmeere haben Küchen-Chef Fritz Pichler und Hotelmanager Andreas Vespermann unzählige fremde Speisen und Getränke kennengelernt und probiert. Aber Krabben-Bier ist beiden völlig unbekannt. Ein solches wird von Pierre Antoine und seinen Freunden in ihrer kleinen Brauerei in Baie-Comeau hergestellt. Stolz präsentiert der Braumeister seinen Besuchern die Sudkessel und lädt sie zum Mitmachen ein. Beide tragen dutzende Säcke mit Malz aus dem fränkischen Pilsen in die Produktionshalle, wo es gemahlen wird. In einem großen Bottich darf Fritz Pichler dann kräftig rühren, damit sich der Zucker aus dem Malz löst. Als Belohnung dürfen die beiden einige der hier gebrauten Biere probieren, als Höhepunkt das „berühmte" Krabbenbier. Seinen Geschmack bekommt es durch die Schalen der Krustentiere, die mit in den Sud kommen und für eine salzige Note sorgen. Gerne würden sie davon ein paar hundert Flaschen für ihre Gäste zum Probieren mit an Bord nehmen, aber das Krabbenbier ist hier in der Gegend so beliebt, dass leider nicht genug davon übrig ist.*

Karibik
Grand Turk Island
St. Kitts
Îles Des Saintes
Oranjestad

# Fish Cake Pure Caribe

## *Fisch-Frikadellen mit Salat und Jerk-Mango-Dip*

**FÜR 4 PERSONEN**
2 Schalotten, fein gewürfelt
100 g Paprika, entkernt und fein gewürfelt
2 EL Olivenöl
1 TL Chilipaste

250 g Rotbarschfilet ohne Gräten, sehr fein gehackt
100 g Risottoreis, gekocht
2 Eigelb
4 EL Limonensaft
4 EL Koriandergrün, grob geschnitten
Salz
schwarzer Pfeffer
100 g Cornflakes
150 ml Pflanzenöl

120 g Sauerrahm
1 EL Jerk-Gewürzmischung
1 Mango, in 0,5 cm kleine Würfel geschnitten
2 EL Orangensaft
Salz
schwarzer Pfeffer

250 g Kräutersalat
3 EL Olivenöl
3 EL Zitronensaft

1 Schalotten und Paprika in Olivenöl anschwitzen, Chilipaste unterrühren und alles auskühlen lassen.

2 Rotbarsch, Reis, Eigelbe, Limonensaft und Koriandergrün verrühren, Paprikamischung dazugeben, mit Salz und frisch gemahlenem Pfeffer würzen und gut durchmischen. Aus der Masse kleine Frikadellen formen, in Cornflakes wälzen und in Pflanzenöl goldbraun backen.

3 Für den Dip Sauerrahm, Jerk-Gewürzmischung, Mango und Orangensaft verrühren und mit Salz und frisch gemahlenem Pfeffer würzen.

4 Kräutersalat mit Olivenöl und Zitronensaft eine halbe Stunde lang marinieren.

5 Marinierten Salat auf Teller verteilen und die Fisch-Frikadellen daraufsetzen. Jerk-Mango-Dip in einem Schälchen dazu servieren.

*Auf der Karibik-Insel Grand Turk will sich Küchen-Chef Christian Jüngling sein Mittagessen selbst fangen. Von seinem örtlichen Guide Dorald lässt er sich mit einem Boot aufs offene Meer hinausfahren und taucht dort in 10 Metern Tiefe nach Conchs. Das sind Riesen-Flügelschnecken aus der Familie der Oktopusse, deren Gehäuse eine Länge von bis zu 30 Zentimetern erreichen kann. Conchs gelten roh und gegart als Delikatesse, weshalb Christian Jüngling glücklich ist, als er nach mehreren Fehlversuchen endlich ein paar ausgewachsene Exemplare ergattert hat. Dorald zeigt ihm, wie sich die Muscheln öffnen lassen, danach bereiten sie zusammen einen Conch-Salat zu. Dafür schneiden sie das ausgelöste, rohe Fleisch in kleine Häppchen und vermischen es mit Sellerie, Peperoni, Zwiebeln und Tomaten. Zum Abschluss noch eine Prise Salz und Pfeffer, sowie einen Schuss Limettensaft und schon ist die karibische Spezialität essbereit, die Christian Jüngling vor lauter Begeisterung am liebsten sofort für seine Gäste an Bord zubereiten würde.*

# Tuna Poke

## *Roh marinierter Thunfisch*

**FÜR 4 PERSONEN**

800 g Thunfisch (Sushiqualität), in ca. 1,5 cm kleine Würfel geschnitten
4 Schalotten, in Streifen geschnitten
3 EL Sesamöl
6 EL Sojasauce
4 EL Olivenöl
2 EL Kokosöl
1 Bio-Limone, Abrieb
Meersalz
schwarzer Pfeffer, geschrotet

2 Avocados
4 EL Limonensaft
1 EL Chipotle-Chilipaste
150 g Sauerrahm
Salz
schwarzer Pfeffer

1 Tortillafladen
4 EL Pflanzenöl

2 EL Cashewnusskerne, geröstet und grob gehackt
2 EL Erdnusskerne, geröstet und grob gehackt
2 EL Granatapfelkerne

1 Thunfisch, Schalotten, Sesamöl, Sojasauce, Olivenöl, Kokosöl, Limonenabrieb, Meersalz und Pfeffer vorsichtig vermengen. Mit Folie abdecken und im Kühlschrank ca. 30 Minuten ziehen lassen.

2 Das Avocadofruchtfleisch herausheben und mit einer Gabel grob zerdrücken. Limonensaft, Chilipaste und Sauerrahm dazugeben und durchmischen. Mit Salz und frisch gemahlenem Pfeffer würzen.

3 Tortillafladen in Dreiecke schneiden und in Pflanzenöl knusprig ausbacken.

4 Thunfisch auf gekühlten Tellern anrichten, Avocadoschmand daraufgeben, mit Cashewkernen, Erdnüssen und Granatapfelkernen bestreuen und Tortilla-Chips anlegen.

*Zauberkünstler Kalibo und die „singende" Reiseleiterin Kiona kennen sich von vielen Kreuzfahrten, aber der Stadtbummel durch das historische Viertel von Oranjestad ist ihr erster gemeinsamer Ausflug. Dort bestaunen sie die vielen, kleinen „Zuckerbäcker-Häuser", die noch an die niederländische Kolonialzeit erinnern. Hunger und Durst treiben sie in das nahegelegene Fischerdorf Savaneta, wo sie im Restaurant „Zeerovers" einkehren. Hier gibt es nicht nur das lokale Bier „Balashi", gebraut aus schottischem Malz und deutschem Hopfen, sondern auch angeblich den besten Fisch auf ganz Aruba. Die Garnelen schmecken gut, einen besonderen Kick bekommen sie aber erst durch die „Pica di Papaya", eine pikante, orangefarbene Sauce, die Kalibo neugierig dazu probiert. Sie besteht aus Papaya, Chili, Zwiebeln, Pfeffer und Apfelessig und ist auf Aruba sehr beliebt. Bereits seit 1880 wird sie neben der noch schärferen Variante „Madame Jeanette" nur mit natürlichen Zutaten hergestellt. Was auf Aruba zum Standard in allen Haushalten und Restaurants gehört, ist für Kalibo ein völlig neues Geschmackserlebnis.*

# Pineapple Coconut Yum Yum

**FÜR 4 PERSONEN**

150 g Mehl
1 Msp. Backpulver
1 Ei
150 g Zucker
1 TL Backsoda
200 g Ananas, zerdrückt
1 EL Öl

75 g Zucker
75 g Butter
100 ml Kondensmilch, gezuckert
75 g Kokosraspel, grob
1 Msp. Vanillemark
100 g Pekannusskerne, gehackt

1 Mehl, Backpulver, Ei, Zucker, Backsoda und Ananas gut vermischen und in eine eingeölte und leicht mit Mehl bestäubte quadratische Backform (24 x 24 cm) füllen. Im vorgeheizten Backofen bei 190 Grad Umluft ca. 25 Minuten backen.

2 Zucker, Butter und Kondensmilch unter ständigem Rühren aufkochen lassen. Vom Herd nehmen, Kokosraspel, Vanillemark und Pekannüsse dazugeben und noch warm über den heißen Kuchen gießen.

*Für das Pärchen Iris und Thorsten geht auf den Îles des Saintes ein Traum in Erfüllung: Sie heiraten direkt am Strand, mit Blick auf das grünblaue, karibische Meer! Tagelang ist die Hochzeit in allen möglichen Abteilungen auf dem Schiff vorbereitet worden. So hat die Schreinerei ein großes Holzherz mit roten Rosen gezimmert, der Kreuzfahrtdirektor eine launige Rede geschrieben und eines der Tenderboote wurde mit unzähligen Luftballons zur schwimmenden Hochzeitskutsche umdekoriert. Auch für Küchen-Chef Fritz Pichler war es Ehrensache, für die Zeremonie am Strand köstliche Kanapees und eine riesengroße Hochzeitstorte zu zaubern. Als dann am Nachmittag Kapitän Morten Hansen vor paradiesischer Kulisse die Trauzeremonie vornimmt, fließen beim Brautpaar die Glückstränen. Ganz bestimmt werden sie diesen unvergesslichen Moment ihr Leben lang im Herzen tragen.*

# Ananas-Tomaten-Bananen-Salat

**FÜR 4 PERSONEN**
400 g Ananas, in 0,5 cm kleine Würfel geschnitten
1 Chilischote, fein gehackt
2 EL Macadamia-Nussöl
400 g Tomaten, enthäutet und in 0,5 cm kleine Würfel geschnitten
2 EL Macadamia-Nussöl
2 EL Pistazienkerne, grob gehackt
Meersalz
schwarzer Pfeffer, geschrotet

2 Bananen, in 0,5 cm dünne Scheiben geschnitten
4 EL Limonensaft
2 cl brauner Rum
2 EL Limonensaft
1 TL Cajun-Gewürzmischung
200 g Sauerrahm

3 Dillzweige, Dillspitzen abgezupft
3 Minzezweige, Blätter grob zerkleinert
3 Thai-Basilikumzweige, Blätter grob zerkleinert
3 Korianderzweige, Blätter grob zerkleinert
4 EL Olivenöl
Meersalz
Zitronenpfeffer

1 Ananas, Chili und Macadamia-Nussöl gut vermengen. Tomatenwürfel, Macadamia-Nussöl und Pistazienkerne mischen und mit Meersalz und Pfeffer würzen.

2 Bananen mit Limonensaft beträufeln. Braunen Rum, Limonensaft, Cajun-Gewürzmischung und Sauerrahm vermischen und glatt rühren.

3 Dill, Minze, Thai-Basilikum und Koriander mit Olivenöl, Meersalz und Zitronenpfeffer vermischen.

4 Ananas, Tomaten und Bananen schichtweise in einen Ring geben. Gewürzten Sauerrahm daraufgeben und den Ring vorsichtig abnehmen. Vor dem Servieren den Kräutersalat daraufsetzen.

*Am Palmenstrand der Karibik-Insel Saint Kitts glühen die Kohlen und in der Luft liegt der Duft von Gegrilltem. Die Besatzung der Grand Lady feiert hier bei strahlendem Sonnenschein ihre Crew-Party, denn die Antilleninsel ist der letzte Stopp, bevor es über den Atlantik zurück nach Europa geht. Weil immer ein Teil von ihnen an Bord bleiben muss, wechseln sich die rund 500 Crew-Mitglieder den ganzen Tag über ab und kommen in verschiedenen Schichten zur Beach-Party. Hier erwartet sie neben einem üppigen Buffet mit Salaten, Würstchen und Steaks auch eine erfrischende Abkühlung im Meer. Selbst Kapitän Morten Hansen und Küchen-Chef Fritz Pichler kommen zur Crew-Party und feiern mit ihren Kollegen, die in den vielen gemeinsamen Wochen an Bord längst zu einer zweiten Familie geworden sind.*

# Register

## Zutatenregister



## Orts- und Sachregister

## Rezepteregister



## Bildnachweis

Gesamte Foodfotografie von Joerg Lehmann.
Sonstige Aufnahmen von:
S. 6o., 7, 18, 24, 31, 34, 37, 41, 42, 53, 55, 56, 66, 76, 80, 89, 103, 109, 111, 112, 116, 121, 122, 128/129, 131, 141, 154: Gerrit Mannes; S. 6u., 47, 51, 65, 78, 90 , 93, 96, 105, 124, 126, 132, 135, 149: Deborah Stöckle; S. 8/9: Shutterstock muratart; S. 10, 13: André Goerschel; S. 14: Marie-Therese Rompf; S. 17: Fritz Pichler; S. 20/21: Shutterstock/ Jaroslav Moravcik; S. 23, 86: Julia Jancso; S. 27, 136: David Enge; S. 29: Andrea Wörle; S. 32/33: Shutterstock/ronnybas frimages; S. 39: Bettina Clemens; S. 44/45: Shutterstock/Sean Pavone; S. 49, 142: Ute von der Lieth; S. 58/59: Shutterstock/ VarnaK S. 61, 62, 118: Christian Hattesen; S. 69: Florian Lengert; S. 70: Antonia Köppert; S. 73, 101: Hanna Günther; S. 74/75: Shutterstock/Taras Vyshnya; S. 82/83: Shutterstock/John Crux; S. 84/85: Farah M'haimdat; S. 95: Florian Wolff; S. 98/99: Shutterstock/Volodymyr Burdiak; S. 106/107: Shutterstock/ dmitry_islentev; S. 113/114: Shutterstock/Overland The Americas; S. 138/139: Shutterstock/Alexander Demyanenko; S. 145: Leonard Bendix; S. 146/147: Shutterstock Dmitry Polonskiy; S. 151: René Goergens; S. 152: Henning Kröger; S. 156/157: Shutterstock Preto Perola

# Impressum

CALLWEY
SEIT 1884

© 2019 Verlag Georg D.W. Callwey GmbH & Co. KG
Streitfeldstraße 35, 81673 München
buch@callwey.de
Tel.: +49 89 436 00 50
www.callwey.de

Wir sehen uns auf Instagram: www.instagram.com/callwey

ISBN 978-3-7667-2433-5
1. Auflage 2019



**Der Autor**
Stephan Rebelein ist seit über 25 Jahren mit der Bewegte Zeiten Filmproduktion GmbH erfolgreich als Autor und Produzent für das öffentlich-rechtliche Fernsehen unterwegs. Seit 2009 betreut er „Verrückt nach Meer“ und auch nach über 350 Folgen ist er noch immer selbst der größte Fan dieser ARD Doku Serie.

**Die Köche**
Der Oberösterreicher Friedrich Pichler ist Koch mit Leib und Seele. Bereits von 1992 bis 2006 als Sous Chef und Küchenchef auf verschiedenen Kreuzfahrtschiffen tätig, kochte er zwischenzeitlich als Corporate Executive Chef für einen amerikanischen Präsidenten sowie einige Jahre im Restaurant *Rive* in Hamburg. Seit 2012 ist er wieder an Bord und für eine Hochsee-Kreuzfahrtflotte als Corporate Executive Chef zuständig.

Die gelernte Konditorin Roberta Rogošić packte nach 13 Jahren im Frankfurter „Intercontinental“, von denen sie sieben Jahre lang die Pastry als Chefin leitete, 2004 erstmals das Fernweh: Sie wurde Pastry Chef auf der MS Maxim Gorki, 2008 auf der MS Albatros. Seit 2015 ist Roberta als Corporate Pastry Chef für eine Hochsee-Kreuzfahrtflotte tätig.

**Der Fotograf**
Joerg Lehmann ist einer der renommiertesten Fotografen Deutschlands. 20 Jahre lebte er in Paris, bevor er vor fünf Jahren nach Deutschland zurückkehrte. Joerg Lehmann arbeitete während seiner Karriere mit vielen bekannten Köchen, großen Food-Magazinen und Verlagen in Frankreich, Spanien, Österreich und New York zusammen.

**Hinter den Kulissen**
Auch für unser zweites Kreuzfahrtkochbuch hat der Fotograf Joerg Lehmann wieder eine spezielle Belichtungstechnik angewendet. Für den besonderen „Wellencharakter“ auf den Bildern wurden leere Glasflaschen vor der Lichtquelle drapiert. Durch die Brechung des Lichts kamen die tollen Schatten und Lichtspielereien zustande. Da fühlt man sich doch direkt wie auf dem Deck eines Kreuzfahrtschiffs beim Mittagessen oder Kaffee trinken.

**Dieses Buch wurde in Callwey-Qualität für Sie hergestellt**
Bei der Materialauswahl und den Möglichkeiten der Buch-Veredelung überlässt das Callwey-Team nichts dem Zufall. So berücksichtigen wir die Gestaltung und Bildsprache jedes einzelnen Titels individuell. Denn dieser ganz besondere Inhalt soll nicht einfach nur schön gedruckt werden, die Buchseiten müssen sich auch gut anfühlen. Beim Inhaltspapier dieses Buches haben wir uns für ein Condat matt Perigord 130 $g/m^2$ entschieden – ein matt gestrichenes Volumen-Bilderdruckpapier. Dessen Oberfläche gibt unseren Bildern den gewünschten Charakter und bringt die bekannte Callwey-Bildsprache optimal zur Geltung. Die Hardcover-Gestaltung gibt dem Buch zusätzliche Wertigkeit.

Dieses Buch wurde in Deutschland gedruckt und gebunden bei der Firmengruppe APPL, aprinta druck in Wemding.

**Viel Freude mit diesem Buch wünschen Ihnen:**
Projektleitung: Bettina Lehmann
Lektorat: Asta Machat, München
Rezepte: Friedrich Pichler, Roberta Rogošić
Rezeptfotografie: Joerg Lehmann, Berlin
Assistenz Text-Recherche: Anne-Marie Reinl
Herstellung: Oliver Meier
Umschlaggestaltung, Innenlayout und Satz:
Anna Schlecker, München



CALLWEY
MIT LIEBE UND SORGFALT BEGLEITET VON
B. Lehmann
SEIT 1884

Nordamerika
Mittelamerika
Karibik
Europa
Afrika
Atlantik
Südsee
Südamerika
Akureyri, Island
Namsos , Norwege
Kopenhage Dänemark
Scilly Inseln, England
Vened Italien
Neapel Italien
Marsaxlokk Malta
Casablanca, Marokko
Bonne Bay, Kanada
Baie Comeau, Kanada
Portland, USA
San Francisco, USA
Baltimore, USA
New Orleans, USA
Key West, USA
Grand Turk Island, Dominikanische Republik
St. Kitts
Îles des Saintes
Huatulco
Corinto, Nicaragua
Nahuizalco, El Salvador
Oranjestad
Panama-Kanal
Cartagena, Kolumbien
Santo Antão, Kap Verden
Ecuador
Rangirora, Französisch-Polynesien
Bora Bora
Huhaine
Papeete, Tahiti
Moorea
Neiafu, Tonga
Coquimbo, Chile
Rio de Janeiro, Brasilien
Buenos Aires, Argentinien